AF438252

royalistes la demandent à grands cris. Ils veulent affranchir les diverses parties de la France de l'unité de direction ; ils ne veulent plus qu'elles aient une vie commune. Leur but est de ressaisir dans chaque fraction l'autorité qu'ils ont perdue sur le tout. Là est le secret de leurs réclamations et de leur tendresse pour la province. La décentralisation, c'est le retour à la féodalité. C'est donc la tyrannie aussi. Comment l'éviter et se préserver en même temps des inconvénients réels de la centralisation ? La Constitution de 93 résout ce problème. Elle sauve l'unité de la France ; elle assure la liberté : les deux intérêts sont donc préservés. Aucune partie du territoire n'est privilégiée : aucune n'a d'avantages qu'en proportion des charges qu'elle supporte et des services qu'elle rend. Lorsque la Constitution fait nommer les administrateurs et les juges par des électeurs du deuxième degré, elle ôte au pouvoir central un attribut qui est presque toujours tyrannique et qui fausse même les élections ; mais elle ne les met pas à même de s'isoler ni de se désintéresser de la vie de l'ensemble. Quant à la prédominance de la capitale, il est notoire qu'elle n'est réelle que lorsqu'elle se produit au profit de tout le pays. Elle n'a jamais pour but l'intérêt particulier de la ville. Paris est désintéressé et n'est, à vrai dire, que le porte-parole de tout l'ensemble. C'est justement parce qu'il veille sur le droit et le bien de tous que les gens qui veulent opprimer ou exploiter un point de la France ou un autre lui en veulent d'être assez éclairé pour les démasquer, et sont si furieux contre lui.

La Constitution de 1793, c'est la République telle que la France l'a comprise.

La République est d'obligation pour les sociétés, par conséquent la Constitution de 1793 est d'obligation pour notre pays. Au 4 septembre, elle entrait de droit en exercice.

Le jour où tombe la tyrannie, tout rentre dans l'ordre, dans la société : le pouvoir revient immédiatement à qui il appartient, c'est-à-dire à tous. Il est donc républicain et délégué à un gouvernement provisoire si la souveraineté populaire ne s'est jamais manifestée, et si les principes n'ont point encore été précisés dans une Constitution, dans le cas contraire à la Constitution qu'elle a sanctionnée au jour de son affranchissement. En France, lorsque l'iniquité disparaît, la Constitution de 1793 reprend aussitôt le pouvoir, car c'est elle qui est chez nous la formule de la République et de la souveraineté populaire.

Le gouvernement de droit, c'est la République, puisque le pouvoir appartient à tous et ne peut être à tous qu'avec elle.

La République, c'est le principe : son règne est assuré par une Constitution qui s'harmonise avec elle. La nation a choisi sa constitution ou plutôt la Constitution. Chaque peuple a sa constitution, mais chaque peuple devrait avoir la Constitution, c'est-à-dire le pacte social basé sur la justice.

Les nations n'ont pas à choisir leur forme de gouvernement : elles n'ont pas plus le droit d'hésiter entre la monarchie ou ses annexes et la République que l'individu n'est fondé à délibérer s'il suivra le mal ou le bien. La République est obligatoire pour la Société comme la vertu l'est pour l'individu.

Une Constituante ne peut donc décider de la forme du gouvernement, à moins qu'elle ne soit convoquée pour mettre un terme à une monarchie, ce qui n'est plus le cas en France, ou pour donner une Constitution républicaine à la République, ce qui est fait aussi. Sur toute autre chose elle est incompétente ; c'est le pays ou la République, par son gouvernement, qui est apte à trancher toutes les difficultés.

Le suffrage universel n'a point aujourd'hui à discuter la République ni à faire une Constitution : la République est un principe supérieur au suffrage universel, qui, hors d'elle, est un mensonge ; la Constitution est faite. Le suffrage universel s'exerce de la façon prescrite par la République pour son salut, son bien et sa durée et par la Constitution. On ne peut le séparer de la République ; il n'est que par elle. S'il se met en antagonisme avec elle, il n'est plus un principe, mais seulement l'effet d'un mouvement de lâcheté, d'un moment de défaillance et d'erreur. Lorsqu'il est éclairé et sincère, il est républicain, et il n'a droit au respect qu'autant qu'il est républicain.

La France marche à grands pas à la mort, par la décomposition, depuis l'empire ou plutôt depuis thermidor 1794. A dater de cette dernière époque, on n'a fait que des replâtrages qui ont entretenu l'anarchie. Comment y mettre un terme? En revenant à l'ordre, à la réforme sincère et complète, et non par un nouveau compromis comme celui que méditent bien des gens. Ils ont la folie de prétendre finir nos maux en retournant à une des causes qui les ont produits. Il faut revenir à 93 ou mourir. Voyez bien la situation, ne vous aveuglez point, vous paieriez très-cher votre aveuglement.

Vous dites que la France ne voudra jamais de la Constitution de 1793. C'est qu'elle n'en sera jamais digne. Qu'elle apprenne qu'elle y viendra ou qu'elle périra. Revenir à la justice ou rester dans la corruption ou l'hypocrisie, n'est pas une affaire de fantaisie, n'est point une chose indifférente. La corruption mène à la mort qui est sa suite, sa conséquence toute naturelle.

Les principes sont les mêmes à toutes les époques.

Nous ne sommes point des plagiaires parce que nous voulons reprendre notre bien.

Est-ce pour rien que tous les hommes purs sont morts? En mourant, ils comptaient nous laisser un héritage : ils pensaient avoir fait œuvre durable. Reprendre ce qu'ils ont trouvé pour nous n'est point du plagiat.

Est-ce pour rien qu'on a travaillé et créé des institutions réalisant la justice ? On s'est ingénié à les faire parfaites, et l'humanité devrait en être privée dans la crainte d'être accusé par des esprits perfides de faire du plagiat!

Il n'y a pas une république pour chaque année, pas plus que pour chaque saison : il y a la République. Quand on a une fois trouvé le juste, il est toujours estimable de s'y maintenir ou, si on l'a perdu, d'y revenir. On n'a que cela à faire. En politique, le juste c'est la République avec la liberté, l'égalité, la fraternité pour buts, avec la Constitution de 93 comme règle. C'est en l'honneur de cette Constitution et du plébiscite qui l'a consacrée qu'a été célébrée à Paris et en présence de dix mille envoyés des assemblées primaires de toute la France, le 10 août 1793, la fête de l'inauguration de la République. C'est de cette Constitution qu'Hérault de Séchelles, président de la Convention à cette époque, a dit : « Une Constitution populaire, rédigée avec concision et de bonne foi, présentait enfin sans mélange ces vérités éternelles, ces lois simples qui, en garantissant aux hommes l'intégrité de leurs droits, peuvent seules fonder une république..... Français, vos mandataires ont interrogé, dans quatre-vingt-sept départements votre conscience, et quatre-vingt-sept départements ont accepté l'acte constitutionnel. Jamais vœu plus unanime n'a organisé une république plus grande et plus populaire. »

Dans le but d'éluder les principes on a rusé, on a affublé des monarchies de quelques lambeaux républicains, ou l'on a accolé aux républiques des vestiges de monarchie. Les hommes ne veulent pas être libres, se sentir responsables de leurs actes ; ils préfèrent être conduits, avoir un maître qu'ils flattent et qui leur jette en échange des privilèges, qui les débarrasse des charges sociales et les mette toutes sur le dos de certaines fractions de la société.

C'est l'origine des républiques à président, des monarchies constitutionnelles et de toutes les inventions analogues.

Arriver à la liberté, à l'égalité et à la fraternité par le jeu de la souveraineté nationale : voilà ce que réalise la Constitution de 1793. Sans le suffrage universel vous n'avez pas une vraie république : en dehors de la république le suffrage universel n'existe point, n'est qu'une apparence, un mensonge et un instrument du mal.

Ils trouvent que le peuple, la liberté, la conscience, ça n'est pas légitime. Les oppresseurs seuls sont légitimes sans doute.

Maintenant, la république c'est la république de 1793 et non une chose à chercher.

Nommer une nouvelle Constituante, c'est aller contre le pacte social. Une Constituante, c'est l'espoir des partis, c'est un appât offert aux ambitions, une prime donnée aux intrigants de l'intérieur et de l'extérieur, ça permet et facilite toutes les entreprises.

Tout l'ordre social et politique est depuis soixante-dix-huit ans prévu, ordonné et organisé. Bienfait immense qui empêche les dangers résultant des hésitations, des intrigues ou des erreurs. Une nouvelle Constituante, au contraire, c'est tout cela.

Ce ne sont point les élections qui sauveront le pays, c'est la République. On se bat pour le pays et la République ; on ne peut être dans une situation plus normale que cela.

Le gouvernement régulier sera celui qui sera nommé en vertu de la Constitution.

La Constitution votée par tous les Français pour régir la France républicaine revient avec la République. Elle existait donc, non plus en principe et en droit, mais encore en fait, le 4 septembre. C'est par une infraction au devoir qu'on ne l'a pas appliquée et qu'on n'a pas convoqué les citoyens dès le 5 pour nommer les membres du Corps législatif et les électeurs du second degré qui auraient choisi eux-mêmes les administrateurs, les juges et quatre-vingt-neuf aspirants au Conseil exécutif.

La nation aurait joui de suite de l'ordre établi par elle et, au milieu de ses dangers et de ses malheurs, elle aurait réuni toutes ses forces pour la résistance à mort et la défense de l'ordre tout autant que pour celle de la patrie.

Il lui aurait été donné de connaître l'ordre dont elle n'a jamais été tant éloignée que lorsqu'elle a écouté ces hommes funestes qui en parlent sans cesse et qui le détestent.

La société est rentrée dans ses droits, il n'y a plus à lui demander si elle veut les reprendre. Au surplus, ce n'est jamais à demander. Il suffit de voir comme les peuples qui s'abandonnent, tombent dans la dégradation et le malheur. Il est étonnant que les réactionnaires, qui ont poussé la société à délaisser le soin de ses destinées osent encore élever la voix. Ils devraient se rappeler que tous nos malheurs viennent de l'introduction de la présidence dans la constitution de 1848, du vote de cette constitution et de l'élection présidentielle du 10 décembre. Qu'ils ne s'efforcent donc plus de nous retenir. Ils ne peuvent rien comprendre aux devoirs du jour : car il faut aller en avant ou périr. Cette mort est imminente. N'eût-elle pas été battue par un étranger, une nation qui a supporté l'empire est au dernier degré de l'avilissement. A ce point-là, on ne peut arriver qu'à une crise terrible qui en finisse ou qui donne au peuple dégradé l'occasion de se relever et de se transformer lui-même.

La République est la fin logique et nécessaire des sociétés. Il n'y a pas plus de sécurité ni de dignité pour une société que pour un individu hors de la possession de soi-même. Les nations doivent donc tendre vers la République, qui est le règne de la justice et le gouvernement des principes, et laisser la monarchie, qui n'est que l'exploitation plus ou moins franche du pays par un individu et ses séides. C'est pour elles un devoir impérieux, car, pas plus qu'un individu, elles ne doivent laisser au hasard le soin de conduire leur existence. Lorsqu'un peuple assez avancé pour comprendre et réaliser la notion du droit a la faiblesse de lui préférer le lâche repos que lui promettent les usurpateurs, il marche vers sa ruine. Deux fois déjà la France s'est rendue coupable d'une telle trahison.

C'est donc aujourd'hui le jour des efforts surhumains et des coups de volonté honnête pour nous redresser et effacer un passé honteux. Nous avons déserté les principes, revenons à eux avec l'intention bien arrêtée de ne plus les abandonner. A cette condition, nous serons sauvés Si nous nous aveuglons dans la mollesse, si nous écoutons les suggestions de la torpeur, si nous n'avons pas la conscience de nos torts, de nos fautes et de ce que nous devons faire pour les réparer, il sera permis de dire que la mesure est comble et que les temps sont accomplis.

C'est en thermidor que nous nous sommes égarés. Il faut revenir à ce que nous avons délaissé. Nous avons volontairement fermé les yeux pour ne pas voir l'ordre politique et social que l'on venait d'instituer et que les hommes vertueux allaient consolider : ouvrons-les et reprenons l'œuvre interrompue. A l'injuste et au mal on avait opposé le juste et le bien. Nous avons fui lâchement les principes ; ce qu'il faut opérer aujourd'hui, c'est le retour aux principes. Ce n'est pas en s'avançant dans le temps, c'est en retournant au bien absolu qu'on va en avant. Il n'y a que cela à faire, et il faut absolument le faire. Au mal qui nous a de nouveau envahis nous n'avons qu'une réponse à opposer, celle qui lui a déjà été faite. Les institutions républicaines sont connues depuis soixante-dix-huit ans, on a pu les laisser en suspens, il n'a pas été possible de les détruire. Elles demeurent comme la protestation toujours vivante du droit que rien ne peut abroger. Ce sont la Constitution votée par la France entière en 1793 ; l'annuaire républicain ; l'instruction obligatoire, gratuite et commune sous la surveillance des pères de famille ; l'abolition de la peine de mort ; les fêtes publiques en l'honneur de l'Être suprême, de l'immortalité de l'âme et de toutes les vertus. En un mot, notre devoir est de réaliser 1793, le vrai 1793, c'est-à-dire 1793 sans la terreur, Rien autre, rien de plus, rien de moins.

Quant à la préoccupation de faire élire une Constituante, c'est une double faute. D'abord, c'est un attentat à notre Constitution, qui est faite et au nom de laquelle nous devons agir ; ensuite c'est une félonie de prétendre que la République a besoin d'être légitimée. Elle est au-dessus du suffrage universel. Un gouvernement qui instaure la République est légitime, régulier et a toute l'autorité nécessaire pour faire les affaires du pays, en attendant que l'organisation républicaine, fixée depuis soixante-dix-huit ans, puisse être en fonction. Lorsque le pays n'est pas envahi, les mesures préparatoires demandent bien dix jours.

Sans vertu pas de République, sans République point de vertu. Sans vertu et partant sans République, pas de durée ni d'existence possible pour les peuples Nous en voyons la preuve par nous-mêmes. Nous sommes à deux doigts de notre mort parce que nous n'avons point voulu prendre nous-mêmes, comme nous le devions, la charge de nos destinées, et que nous nous sommes livrés au despotisme pour vivre comme les animaux sans penser.

On dit des fois : « Ce sera comme du temps de Robespierre. » On ne prend pas garde que le temps de Robespierre n'est pas encore venu. Ce grand homme n'a pu parvenir à réaliser ses principes ; il est mort à la peine. Son œuvre reste encore pour l'avenir. Nous y arriverons ou la France ira rejoindre la Pologne et toutes les nations disparues.

Ce n'est pas au peuple qu'il faut faire appel, c'est aux principes. C'est en leur nom que le peuple peut parler. S'il avait encore la faiblesse ou la folie de parler contre eux, qu'est-ce que cela prouverait ? Son consentement ne leur ajoute rien, son hostilité ne les infirme point.

Concevez-vous l'appel au peuple en dehors de la République et des droits de l'homme ? Ce n'est donc point sur eux que l'on peut lui faire appel, c'est grâce à eux et pour les choses fixées par la Constitution.

La République, les droits de l'homme et la Constitution républicaine qui a été votée par la France entière en 1793 sont au-dessus de l'appel au peuple.

Si l'appel au peuple est juste, et il l'est pour toute autre chose que les principes nécessaires, ce n'est que parce que la République est obligatoire et que les droits de l'homme sont indiscutables.

Lorsqu'on se sert de la souveraineté du peuple contre elle-même et pour la ruiner, comme s'y entendent les faiseurs de plébiscites royaux ou prussiens, on ne fait qu'une comédie sans valeur, bonne seulement à tromper ceux qui ne demandent qu'à l'être. Le plébiscite ne fait pas le droit. Lorsqu'il est favorable à la République, il constate que le peuple est digne de ses hautes destinées. Autrement il le montre avili, prêt à tout subir et marchant à sa fin par la corruption.

Il y a les gouvernements de fait et un gouvernement de droit. Celui-ci seul est légitime. Les monarchies sont les gouvernements de fait.

La Révolution se résume dans les institutions qu'elle a établies pour fonder l'ordre, l'ordre vrai, qui est la république, et, d'autre part, dans les efforts surhumains qu'elle a suscités pour repousser les menées des amateurs du désordre réglementé et du silence servile, c'est-à-dire des royalistes de l'intérieur et du dehors. On n'a point l'intelligence des efforts de la Révolution, si l'on ne comprend pas qu'elle est l'inauguration de l'ordre vrai substitué à un ordre simulé et inique. Ce que les gens de désordre hypocrite appellent l'ordre, ce qu'ils caressent tendrement, c'est l'injustice organisée et imposée par la ruse, le mensonge et la force.

La République, c'est la justice gouvernant la société. En monarchie, le bon plaisir des hommes constitue le gouvernement ; en république, les hommes s'effacent et les principes prennent leur place.

Il n'est pas rare d'entendre dire qu'on est plus instruit aujourd'hui qu'on ne l'était en 1793.

Ça dépend. Il y a instruction et instruction.

Les connaissances qui importent le plus sont celles qui consolident les qualités morales, l'amour de la justice, la délicatesse, la sincérité, la conscience. L'instruction qui étend l'esprit dans un autre sens est peu de chose. Elle sert au mal tout autant qu'au bien. On voit tous les jours des gens instruits qui sont très-vils. Et sans aller bien loin, les envahisseurs, les instruments odieux de la force brutale sont très-instruits. En outre, vous n'êtes pas aussi instruits que vous le croyez. Vous vous hâtez de dire cela par paresse pour ne point vous donner la peine de lire ni d'étudier la Constitution ou par hypocrisie parce que vous ne voulez point vous y conformer. Vous craignez de vous donner la peine de travailler et en même temps vous vous donnez l'air de savoir, car vous êtes très-vaniteux. En réalité, vous ignorez la Constitution et le droit politique. Vous n'en avez fait l'objet ni de vos lectures, ni de vos études, ni de vos méditations. Vous vous appliquez peu et seulement aux études faciles et frivoles et à celles qui procurent des avantages matériels et pécuniaires ou des succès d'amour-propre.

Mais admettons.

La Constitution est une question de justice et non pas d'érudition ni de science.

Grâce aux travaux faits par d'autres que vous d'ailleurs, par les hommes de 1820, de 1830 et de 1840, vous êtes plus érudits aujourd'hui qu'on ne l'était à la fin du siècle dernier, vous êtes plus savants dans les sciences mathématiques, naturelles et physiques, vous êtes plus forts en chimie, c'est incontestable ; mais êtes-vous meilleurs qu'on ne l'était en 1793.

1793 a été une époque de rénovation, une époque où toute la nation s'est surélevée pour revenir au bien et secouer le mal qui l'enchaînait et l'avilissait depuis si longtemps.

Vous qui êtes revenus au mal, qui l'avez fardé, déguisé de mille manières plutôt que de l'abandonner, vous prétendez-vous meilleurs que les géants de la génération la plus juste, la plus sincère, la plus intelligente, la plus morale qui ait jamais existé. Vous le ferez peut-être. Aux époques avilies on a toutes les prétentions et on est très-fort tant qu'il ne s'agit que de parler. Vous ignorez le juste, eux l'aimaient. Le juste est plus ou moins suivi par les hommes, mais il reste toujours le même. Il est de toute antiquité. La question est d'être de bonne foi en le formulant et en l'appliquant. C'est l'œuvre des vraies révolutions. C'est ce qui a été fait par nos vaillants pères et ce qui ne pourrait être fait que moins bien par nous, leurs fils dégénérés.

On n'a jamais fait aussi bien que la Constitution de 93 ; on ne fera pas mieux. Aujourd'hui une nouvelle Constitution serait illégale et tout à fait irrationnelle. Elle ne pourrait que donner une apparence de légitimité à des projets hostiles à la République.

La Constitution de 93 ne peut même pas être remplacée par une meilleure, en admettant qu'il soit possible d'en faire une. A son excellence elle joint toutes les conditions de légitimité. Elle date de l'époque de la régénération, elle reconnaît la République et les droits de l'homme, elle a été votée par tout le pays. Elle ne peut pas être remplacée, mais seulement révisée et modifiée suivant les formalités qu'elle a prescrites elle-même à cet effet. Assise, comme elle l'est, sur le terrain solide du droit et de

la légalité, on ne peut passer outre sans débuter par un attentat qui entache d'irrégularité ce que l'on prétend établir.

La République, comme tout gouvernement, a sa Constitution qui en règle et en assure l'existence, et qui l'aide à atteindre son but. La souveraineté populaire se suffit à elle-même, pourvu qu'elle conserve intacts ses droits et ceux de chaque citoyen ; cependant un texte formel qui assure son exercice n'est pas inutile. Ce texte existe pour la France et présente toutes les conditions qui doivent l'imposer. En proclamant la République on doit le décréter. Les intentions inspirent confiance, mais des mots non précisés ont l'inconvénient d'encourager des espérances qui ne naîtraient pas si, dès l'abord, la situation était bien nette. On a tout à gagner à fixer de suite les esprits. On obéit aux principes et l'on prévient les résistances qui n'ont pas le temps de naître. Ce texte dont nous parlons est la Constitution de la République française, c'est la Constitution faite par la grande Assemblée nationale — au lendemain d'une victoire décisive des principes sur les priviléges, au jour de la générosité, de la magnanimité et d'une extraordinaire lucidité de tous, — votée par le Peuple français et fêtée solennellement à Paris, en présence de dix mille délégués envoyés spécialement à cet effet par les départements.

Ce n'est pas la Constitution d'une époque, c'est la Constitution, la forme et l'inauguration de la République. Revenir à la République, c'est donc revenir à cette Constitution.

Non-seulement il est sage de revenir à la Constitution de 1793, parce qu'en faire une autre serait du temps perdu et un danger, puisque ce serait donner un gage aux partis, qui conservent toujours des espérances et préparent leurs intrigues dissolvantes ; mais c'est un devoir absolu, inévitable. Cette Constitution est ; hors d'elle il n'y a pas de légalité, point d'ordre. C'est elle qui est la régularité et la légitimité en France. Elle a été éludée par la ruse, elle a été défaite ; mais les échecs, les surprises de la force, les trahisons de la ruse infirment-elles le droit ? Cette Constitution a été faite par une Assemblée régulièrement nommée, élue pour ce soin, composée d'hommes très-remarquables choisis par la France, qui avait alors le culte des grands sentiments et la conscience des devoirs imposés aux peuples. Le travail de la Convention, une fois terminé, a été soumis à l'examen de la nation entière. Celle-ci l'a approuvé à une immense majorité. En outre, des fêtes admirables ont été faites à Paris, le 10 août 1793, pour célébrer le vote de la France et l'existence de la Constitution. A ces fêtes, dix mille délégués des assemblées primaires des départements représentaient le pays. Tout cela est loyal, régulier, fait à ciel ouvert, avec toutes les conditions de sincérité qui confèrent la légalité. L'ordre légal est donc dans l'observance de la Constitution de 1793. Toutes les usurpations qui l'ont renversée n'ont pu la détruire. Les usurpations disparaissent, la Constitution ne mourra qu'avec la France, et la France ne mourra que si

elle ne prend pas la résolution inébranlable de revenir aux principes et à la situation normale.

Il n'y a pas à dire que cette Constitution n'est plus bonne pour les hommes d'à présent. Le vrai et le juste sont pour tous les temps et pour tous les pays. La Constitution de 1793 est la Constitution de l'avenir. La tyrannie et l'erreur ont possédé le passé. Ce que les hommes ont élevé pour les renverser, la vérité opposée aux mensonges, tout cela conserve ses droits ; la Constitution, enfin, a aujourd'hui les mêmes raisons qu'hier d'être reconnue. Hors de là, point de logique ; hors de là, point de tranquillité ; hors de là, point de vérité.

Qu'est-ce que la République ? C'est l'exercice réel, sincère de la souveraineté nationale. Décréter la République, c'est décréter la souveraineté nationale effective, véritable ; c'est donc en France décréter la Constitution de 1793. La souveraineté ne s'y est exercée que pour voter cette Constitution, qui est déjà bonne en elle-même, puisqu'elle est républicaine, c'est-à-dire faite en vue d'organiser l'exercice permanent, inébranlable de la souveraineté populaire. La volonté du peuple de 1793 est sacrée, parce que cette volonté fut sincèrement exprimée, et ensuite parce qu'elle remplit le devoir imposé au suffrage universel de ne pas se suicider et d'assurer la République, et qu'elle donna son adhésion à l'acte constitutionnel de juin 1793. S'avilir, se courber dans le repos sous un maître, ce n'est pas un jeu, une fantaisie permise et dont on n'a pas à répondre, parfaitement licite et indifférente enfin, c'est un crime que les peuples expient par leur mort, à moins qu'ils ne l'expient en brisant leur œuvre de lâcheté et en revenant au gouvernement vertueux, honnête, sérieux, juste et loyal, c'est-à-dire républicain. De même, proclamer la République, la réaliser dans des institutions équitables, notamment dans une Constitution politique bien adaptée aux principes et votée par toute la nation en passe d'enfanter un État parfait, ce n'est pas un fait qui n'a de valeur qu'au jour de son avénement et qui est effacé le lendemain si les mauvais reprennent le dessus. C'est un drapeau que la société doit relever, opposer à ceux du mal et qui triomphe lorsque l'usurpation est renversée. Ayez-en conscience et ralliez-vous hautement à votre Constitution toujours méconnue. Que l'erreur générale ne vous influence point. Si vous avez besoin d'être raffermis dans votre foi, considérez les désastres que subit le pays pour son long oubli.

Rien de légitime, rien de régulier ne pourra se faire tant qu'on ne nous aura pas rendu la Constitution de 1793.

Le souverain, c'est la justice, c'est la république, c'est tout le monde. Tout le monde se servant de la souveraineté pour rester toujours souverain, c'est la république, la justice, la Constitution de 1793.

La Constitution française est la Constitution votée par la France en 1793. Cette Constitution, la seule faite dans un esprit convenable, est, jusqu'à ce jour, restée à l'état de lettre-morte ; elle n'en est pas moins la Constitution de la France. C'est à elle qu'est le droit : les autres n'ont été qu'usurpation.

La Constitution puise sa force et dans sa perfection et dans son origine. Elle est : ce fait ne peut être éludé. Au mal renversé elle a été opposée comme le bien trouvé : elle reste avec ce caractère.

Les généraux et l'armée croient représenter l'ordre. Erreur ; ils sont à l'opposé. La compression et le silence, voilà leurs œuvres et leurs prédilections. C'est la tyrannie et non point l'ordre. L'ordre est la réalisation du juste, et la justice veut que tout le monde vive, remue, ait droit à l'expansion.

Vous avez une tradition qui fait votre force et qui vous guide. C'est elle qui vous conserve la vraie République. Ralliez-vous à la tradition de 1793. Ne reconnaissez que la République telle qu'elle a été trouvée par les penseurs et par les représentants, et adoptée par la France.

Laissons les erreurs.

La vérité, c'est l'œuvre de 1793. C'est pour nous une révélation : nous n'en voulons pas démordre.

Je soupçonne fort les gens qui aiment la République, qui ne défendent pas le gâchis monarchique, qui ne travaillent donc point pour leurs misérables intérêts ou une sotte ambition, et qui cependant dédaignent la Constitution de 1793, de ne l'avoir jamais lue..... attentivement et de n'avoir point réfléchi à ce qu'elle est à jamais par ses origines.

Ralliez-vous à cette loi de la société régénérée. Elle seule peut vous mettre tous d'accord, aplanir tous les différends. A ceux qui veulent retourner en arrière pour conserver des avantages ou vains ou immondes, à ceux qui, en pressant tout, s'égarent à assouvir des fureurs ou des appétits qui devraient être contenus par la dignité et la conscience, elle offre un terrain solide, celui du juste. Elle doit rassurer les premiers ; elle contentera les seconds. Elle les unira enfin tous, après les avoir redressés, et par elle, par elle seule, la perfection sociale sera atteinte, autant que possible du moins.

Vive la République, une, indivisible, démocratique et puritaine!

Vive la République vertueuse de Robespierre!

Il faut que le mot république soit accompagné d'un programme circonstancié, détaillé, qu'il résume et dont il doit être la réalisation. En demandant la République, c'est ce programme que l'on réclame. Lorsqu'elle triomphe, on sait ce qu'elle doit être, on se prépare à suivre son formulaire, et l'on délègue au Corps législatif et à toutes les fonctions les hommes qui s'y sont ralliés depuis longtemps, qui le comprennent, l'appliquent et l'aiment. Le but étant bien tracé et clair à tous les yeux, on n'en peut plus être éloigné. Il est, en effet, impossible d'avoir confiance en des gens qui en ont poursuivi un tout autre.

Il n'y a pas à dire que ce qui a été fait à une époque ne convient pas à une autre époque, et qu'il faut être d'une époque pour en connaître les besoins. Sans doute, si les besoins, les devoirs et la nature des hommes changeaient. Mais les hommes sont aujourd'hui ce qu'ils étaient hier, du moins quant aux lois de leur nature. De cela seul il faut tenir compte. Quant aux plis mauvais qu'ils ont pu prendre, ils doivent les effacer. On n'a donc rien à faire en vue de cela.

C'est la Révolution qui doit nous sauver, c'est la Révolution qui est le bien. Le malheur c'est qu'on s'éloigne d'elle et qu'on la craint plus que le plus grand des maux. Et si elle effraye ainsi, c'est qu'on l'a couverte de voiles qui la masquent. Grâce à la confusion des esprits mécontents sans motif désintéressé qui ne veulent que du bruit et qui vont à la Révolution tandis qu'ils devraient se tourner vers la réaction et les manœuvres monarchiques, la Révolution abrite un déluge de prétentions souvent outrées, elle semble apporter la fureur et les ténèbres tandis qu'elle ne vient que pour nous rendre la lumière et le bonheur. — Si elle est abandonnée, c'est à cause des gens qui l'accaparent et se disent seuls révolutionnaires. Grâce à eux, elle semble rester dans le vague, ne consister que dans des menaces, des récriminations enflammées et funestes, quoique justes, et des grondements, et n'offrir qu'un chaos pour remplacer celui qui existe. Tout cela n'est pas une doctrine, et pour repousser le désordre actuel, il faut combattre au nom d'un principe bien posé. Que le juste soit clairement affirmé, alors on a réellement la Révolution. C'est le service que rendent la Constitution et les institutions de 1793. Elles condensent et guident tous les efforts. Elles les empêchent de s'éparpiller et de s'avilir. C'est donc là qu'il faut chercher la Révolution française. Or, c'est à la Révolution française qu'il faut revenir. Vous menacez tout et tout le monde, vous faites l'effroi et la nuit, la lâcheté et la servitude. Pour éviter cela, qu'un principe soit au-dessus des individus, et que ce guide connu soit, non un groupe, mais le juste qui demande sa revanche. — Alors le bien triomphera, car alors sera faite une chose impossible aujourd'hui, une chose dont l'absence empêche tout, à savoir l'éducation et la préparation du pays.

La bassesse, la perfidie et la férocité des adversaires ; la bonté de la cause qu'ils soutenaient et qu'ils voyaient compromise ; tous ces motifs ont poussé graduellement et en dépit d'eux les hommes de 93 aux mesures violentes. Ils ont tourné contre les réactionnaires les châtiments que ceux-ci méditaient contre les révolutionnaires. Ce fut un malheur. Ils ne devaient avoir rien de commun avec leurs vils ennemis ; ils devaient leur laisser la cruauté et même la sévérité. Ils n'ont pas voulu rester désarmés devant des forcenés capables de tout, et ils ont pris la hache des lois. Ils ont eu tort. Toutes leurs sublimes réformes devaient être accompagnées de douceur, de mansuétude, de pardon pour les hypocrites qui les calomniaient et voulaient les anéantir. Faute d'avoir suivi cette marche, ils ont infligé une apparence sanguinaire à l'aurore de la plus belle époque de l'histoire, celle du re-

tour de l'humanité au juste et au bien. Et tant de gens ne jugent que par les apparences !

On a profité de la crainte inspirée par les mesures de 93 pour présenter l'œuvre de 93 comme un sujet d'effroi. Devons-nous suivre cette erreur, nous rendre complices de la trahison des uns, de la duperie des autres ? Non, malgré ses erreurs, nous ne déserterons pas 93 ; nous daterons de là le salut du genre humain. De même que malgré ses paroles douceâtres nous n'irons pas à la réaction. Nous savons ce qu'il y a d'iniquité et de cruauté derrière toutes ses démonstrations. Nous suivons les leçons de l'expérience. Celle-ci ne nous enseigne pas à fuir le bien parce qu'il est allié à quelque mal, mais à supprimer ce fâcheux alliage. C'est ce que nous ferons. Nous garderons l'œuvre de 93, nous conserverons ses créations, et nous ne répudierons que la répression employée contre les mauvais. OUI, ENTENDEZ-LE, 93 NE SIGNIFIE PAS TERREUR. — Cessez vos confusions perfides. 93 signifie retour à la justice, régénération de l'humanité. En dépit de tous vos cris, nous n'effacerons point cette date. Loin de là.

La République française a sa constitution sans laquelle elle n'est point. Cette Constitution a été acceptée, votée et fêtée solennellement par la France entière. Hors d'elle tout est inique et nul. Tout ce qui a été fait depuis elle, c'est-à-dire depuis soixante-dix-huit ans, a été illégal, mauvais, empreint, malgré toutes les dénominations hypocrites, d'un caractère factieux et anarchique. On invoque bien à tort le salut public en frappant les principes. Il n'y a pas d'autre salut pour le public que le salut du bien, de la loi républicaine, des principes. Ne les ajournez pas pour les sauver sensément, installez-les bien vite. Voter et célébrer la Constitution de la République, puis ajourner cette Constitution, c'était ajourner la République. Tel a été le malheur des conventionnels ; croyant consolider la République, ils ont ajourné la loi constitutionnelle, afin de faire disparaître d'abord tous ses ennemis. Cette faute, cette infraction aux principes a été le point de départ de toutes les catastrophes. Les grands hommes de la Convention devaient être les fondateurs de la République et non les continuateurs de la Terreur, tout comme des royalistes et des impérialistes.

Avec la constitution républicaine, vous avez la République. Autrement vous n'en avez que le nom et vous ne le gardez pas longtemps.

Tout ce qui n'est pas fait suivant les prescriptions de la constitution de la France et de la République est entaché de nullité. La force et les mensonges seuls le soutiennent. Ça s'écroule nécessairement au bout d'un temps plus ou moins long pour être remplacé par d'autres choses peu meilleures, jusqu'à ce que, comprenant la logique des faits, on mette les mots en harmonie avec les principes et qu'on sache qu'il n'y aura jamais de République sans la loi républicaine. C'est une question de vie ou de mort. Si l'on tarde trop, la nation rencontrera la ruine. Hâtons-nous donc de réaliser la République une, indivisible, démocratique et puritaine, la République vertueuse de Robespierre.

Quant à ce qui m'afflige encore, c'est l'ingratitude de la République pour les premiers martyrs et les apôtres de l'idée républicaine. Une République ingrate porte en elle un germe de ruine. C'est ce qu'il ne faut point. Une République qui voudrait ne pas se conformer au seul type que la conscience assigne à cette forme de gouvernement, cette république honteuse d'elle-même ne durerait point. Continuez donc la république, et pour bien montrer que vous entendez rester fidèles à votre tradition, honorez ceux qui ont puisé dans leurs âmes les notions sublimes devant lesquelles le vieux monde s'est écroulé. La République française doit honorer les pères de la République. Fille reconnaissante, elle ne rougira pas d'eux; ça serait affirmer son indignité et sa déchéance prochaine.

La Révolution a proclamé les principes, et employé, pour les faire triompher, certains procédés vis-à-vis des traîtres. La proclamation des principes, voilà son œuvre, à vrai dire. Or, on sait que c'est Robespierre qui les a formulés pour la plus grande partie. Quant aux procédés, ils ont été nuisibles. On sait encore que Robespierre s'est exposé à être brisé en les combattant, et qu'il s'est efforcé d'arracher à la mort et Danton et Camille Desmoulins et une partie des Girondins. On sait qu'il a été l'ennemi des exagérés, des hommes corrompus, des furieux dépravés, des terroristes dans le sens du crime, et que c'est la coalition de ces gens-là qui l'a perdu. C'est lui qui représente le mieux la Révolution, c'est-à-dire le bien. C'est pour cela que c'est lui qu'on attaque le plus. C'est le plus grand caractère de la Révolution, et, on peut le dire, des temps modernes. Peut-on souffrir qu'après 78 ans un tel homme soit encore méconnu. Nous ne devons pas le tolérer. Il faut effacer l'œuvre des thermidoriens et rompre avec eux en honorant leurs victimes. La République a une tâche, celle de venger ses apôtres et d'honorer leur mémoire. Y manquer, c'est faire cause commune avec les réactionnaires et les criminels de toutes sortes qui ont triomphé en thermidor. Or, l'œuvre de ces hommes a été la perte de la République en même temps que celle des républicains. Ne pas condamner ce qu'ils ont fait, c'est en accepter la solidarité, renouveler leur crime, déclarer que la France n'entend point encore revenir aux vrais principes, c'est trahir la République enfin.

Rien n'est indifférent. Tout ce qui tombe sous les yeux doit être en rapport avec les idées républicaines. Il est pénible que des noms justement flétris soient accolés à certaines rues; il est encore plus pénible de voir que certains noms ont été lâchement délaissés.

Je vous demande donc de faire donner à des rues les noms vénérables de Robespierre, Saint-Just, Couthon, Lebas, Henriot, Payan, Fleuriot-Lescot, Coffinhal, et ceux de tous les hommes vertueux dont la mort malheureuse a entraîné la perte de la République.

La troisième République n'est point un troisième spécimen, une nouvelle interprétation d'un principe simple et absolu qui ne peut être formulé de diverses manières. Elle doit être la troisième tentative faite dans le but de le réaliser.

Si vous voulez réussir, n'oubliez pas que la logique et le respect des principes vous imposent de comprendre que vous n'en êtes point à une troisième république, mais à une reprise et à la continuation de la République. Il faut enfin effacer la trace des années sinistres et immondes que nous avons subies. Nous ne pouvons ranimer les hommes qui guidaient la nation lorsqu'elle a eu la volonté de remplir ses devoirs. Suppléons, du moins, leurs enseignements en honorant leur mémoire. Au moment de suivre la voie tracée par les martyrs sublimes et saints de thermidor, élevons un monument expiatoire en leur honneur. C'est ainsi que nous soulagerons nos cœurs, que nous effacerons la honte dont souffrent la conscience publique et la France, et que nous vengerons la vertu persécutée et injuriée par le vice. Enfin, cet hommage consolidera et assainira la République. Sans cela elle sera éphémère; elle ne sera qu'une vaine effervescence sans raison et sans logique.

L'emplacement du monument est trouvé, il est situé derrière le parc Monceaux, dans un terrain qui reçut, après l'abominable catastrophe, les ossements des martyrs.

La société a un but positif et indiscutable. Elle doit être guidée par la justice, ordonnée en vue de la justice. Par qui arrivera-t-elle au terme assigné? Par les royalistes et les grands propriétaires du sol? Non. Ce sont des agitateurs. Quand ils ne tiennent pas le pouvoir, ils ne cessent de conspirer; en outre ils ne veulent le pouvoir que par calcul. Ils ne vivent que d'iniquités. Les royalistes écartés, restent les républicains. Lesquels? Car s'il n'y a qu'une vraie République, il en existe bien des copies et il y a un nombre considérable de variétés de pseudo-républicains. On doit écarter ceux qui n'ont pas un principe désintéressé ni un programme bien arrêté, et aller à ceux qui peuvent présenter un formulaire imposant, précis, exact et infranchissable de tout ce qu'ils veulent. Ce sont les vrais.

Une revendication doit, pour première condition de succès et surtout comme garantie indispensable, être précise. La nôtre est parfaitement délimitée, et, bien plus, elle a été votée. La République est puritaine, elle a la justice pour but, la vertu pour appui, la Constitution de 93 pour règle. Hors de là il n'y a pas plus de réalité que de légalité.

C'est un grand malheur pour la Société que de ne pas savoir aller à la République ni s'y tenir, quand elle l'a au moins de nom. Ce malheur est imputable aux républicains qui se sont éloignés de leur tradition, ne savent plus eux-mêmes ce qu'ils demandent et rendent la revendication impossible parce qu'ils ne la bornent pas à un seul objet, et font croire que la République n'a pas de formule obligatoire. Leur erreur a fait celle de tout le monde.

Il faut déterminer exactement ce que l'on veut faire. Si vous dites que vous allez réparer bien des maux, que vous réformerez tout, que vous remanierez tout sans dire exactement quels sont vos principes, quel est votre point de départ, quel sera votre point d'arrivée, on ne peut vous suivre. Vous êtes l'inconnu, vous êtes le hasard. Vous laissez le champ ouvert à toutes les prétentions, aux plus folles comme aux plus justes, aux plus bienveillantes comme aux plus féroces, aux opinions républicaines, comme aux haines personnelles, aux transformations rationnelles et à l'amour du changement par vengeance, inconséquence ou calcul. On ne peut vous suivre. Vous souffrez des alliages qui vous présentent comme aussi mauvais que vos adversaires et, de plus, comme beaucoup plus obscurs. Si on sait, au contraire, ce que vous voulez si vous le dites et que l'on sache qu'il n'y aura rien au delà, rien en deçà, cela seul que vous êtes irrévocablement fixés rassurera la masse des indécis, des indifférents et des ignorants. On s'habituera peu à peu, à cette perspective que vous indiquez et, aux jours difficiles, on viendra à vous. La République sera établie comme elle doit l'être, et le sera, alors, pour toujours.

Ce n'est pas d'aujourd'hui que le parti avancé échoue faute d'un programme bien clair. Celui qui pourra réunir toutes les volontés, ramener tous les républicains au même but, celui-là rendra le plus grand service à la République. Il la sauvera, en lui donnant ce qui a manqué aux républicains depuis 78 ans. Comment voulez-vous décider les hommes à se mettre en route si vous ne leur montrez, comme terme du voyage, un but connu, nécessaire et bon? C'est pour cela, c'est par amour de la vérité et désir de la voir triompher, que je voudrais convaincre tous les esprits de l'excellence et de la légitimité de la Constitution de 1793. Je voudrais attacher tous les cœurs à la République puritaine, à la République telle que la concevaient les martyrs de thermidor. Cette République est la vraie République. Ne poursuivons rien de plus, rien de moins. Laissons les mesures de combat, les haines, les répressions de la grande époque, mais prenons avec soin toutes les institutions qu'elle a fixées.

La vie de la société actuelle n'est faite que d'écarts, tantôt dans un sens et tantôt dans un autre. Il est tout simple qu'il en soit ainsi. Ça ne saurait être autrement. Est-il étonnant que les esprits ne prennent pas la ligne droite puisque vous leur avez enlevé leur guide? Qu'ils suivent leur pente et tombent dans des antagonismes irrémédiables alors que vous repoussez la loi commune? Qu'ils veuillent réaliser les erreurs les plus grandes et les plus diverses, qu'au lieu de marcher ils courent d'une manière effrénée, ou que, sous prétexte de prudence, ils croupissent dans la bassesse, puisque vous leur refusez la vérité? Depuis 78 ans la société ressemble à l'homme qui, marchant dans des ténèbres épaisses, perd le bon chemin, s'égare de plus en plus, s'épuise en efforts inutiles, tombe dans un marais boueux et s'y enfonce chaque jour davantage : rendez-lui la lumière, c'est-à-dire la

Constitution votée par toute la France en juillet 1793.

La société ne peut vivre sans une loi qui soit l'incarnation de la vérité. Le cœur et l'esprit ne restent pas longtemps dans le déchirement du doute ; ils s'assoupissent et se dépravent. Il faut qu'ils puissent se reposer en toute tranquillité dans une règle qui, en les conduisant, les satisfasse et les élève. C'est là que l'âme trouve son apaisement, car elle a au-dessus d'elle quelque chose de fixe, d'immuable et d'excellent à vénérer. Depuis 78 ans elle ne peut se fixer sur rien parce que le bien a été proscrit. Il est plus que temps que cela finisse.

Vous vous plaignez et vous vous étonnez d'être à une telle extrémité. Pouvait-il en être autrement ? Laissez tel et tel pervers, n'accusez que vous et cessez de vous étonner. Vous vous êtes abandonnés ; vous glissiez sur la pente qui conduit aux abîmes. Parce que vous ne vous préoccupiez plus des lois morales, vous êtes donc arrivés à croire qu'elles ont cessé de régir le monde ? Vous n'avez plus voulu connaître que la bestialité, l'étude des lois physiques, la mollesse. Vous recueillez les fruits d'un tel aveuglement. Les leçons de l'histoire sont-elles donc perdues pour vous ? N'avez-vous pas vu périr misérablement toutes les cités qui, au lieu de poursuivre la marche fatigante et ascensionnelle vers la perfection sociale, ont préféré s'endormir dans la mollesse. Babylone, Athènes, Carthage, Jérusalem, Rome enfin, tous ces foyers de lumière ont péri pour avoir voulu s'arrêter en route. Comprenez maintenant, d'après les conséquences, l'énormité du crime que vous avez commis en thermidor et réparez-le s'il en est temps encore. Revenez à la loi et à la République puritaine.

Ce que les Français avaient acclamé dans un moment de sincérité, ils ont voulu l'oublier. Ça ne peut s'effacer. Les principes ne disparaissent pas au gré de notre lâcheté. Les Français les ont confessés dans un jour de bonne foi ; puis l'aveuglement a pris le dessus. Il y a 78 ans que dure cette inconséquence. On les a repoussés pour jouir encore de tout ce qui est irrégulier, des molles habitudes. On a fait comme ces gens qui remettent toujours au lendemain le changement de leur vie, et qui, à force de reculer, deviennent incapables de s'améliorer et finissent dans l'abjection. Il faut pourtant se retremper dans la vérité, revenir aux institutions politiques créées par la nation, pour elle, comme l'expression de la justice et la réalisation du bien ; il faut s'y attacher, élever cet attachement au-dessus des goûts erronés pour ne plus s'en départir et professer enfin un respect religieux pour ces institutions. Alors on ramènera la vénération sincère, la stabilité et le bonheur dans la société. Tant qu'on ne regardera pas les institutions de 93 comme des objets de vénération auxquels on ne peut toucher, tant qu'on ignorera que ce sont des règles absolues, que la politique émane de la morale, qu'elle ne peut se prêter aux vues personnelles, aux expédients et qu'elle a des principes immuables, on ne sera pas tranquille.

On passera d'expédients en expédients au gré des passions des hommes.

Quelle idée se font donc d'une Constitution ceux qui demandent une Constituante ? Pensent-ils qu'on en change à volonté, que ça se plie aux circonstances, au caprice et qu'on les change en changeant de fantaisie ? Ignorent-ils qu'il y a un idéal de Constitution, des devoirs imposés aux sociétés et un but de perfection qu'elles doivent atteindre ? Ignorent-ils qu'il y a des principes immuables au-dessus des Constitutions et qu'elles doivent les suivre. Une Constitution qui est parvenue à les incarner est LA CONSTITUTION. Le peuple qui la possède n'a plus à chercher ; il n'a qu'à l'appliquer avec sincérité.

Tous les ennemis du bien ont pris part au grand désastre de thermidor. C'est en s'appelant les honnêtes gens, les modérés, les sages, qu'ils ont commis ce crime. C'est toujours au nom de la vertu qu'on écrase les gens vertueux. Le neuf thermidor, les principes qui devaient régénérer la société française ont vu contre eux tous les hommes qui craignent que l'ordre ne se mette dans la société ; ils ont été attaqués par tous les moyens et par toutes sortes d'hommes. Ils ont été défaits. Les malheurs et les hontes ont depuis fondu de nouveau sur notre patrie. Faux républicains, constitutionnels, parlementaires, absolutistes, dictateurs militaires, tous ont fait ou continué thermidor tant qu'ils ont pu. Aujourd'hui ils sont encore là, prêts à le renouveler. Réactionnaires de toutes sortes ne demandent que cela. Ils sont le mal. Ils veulent tenir la société jusqu'à sa ruine. Il faut qu'on la leur arrache pour la donner au bien qui la sauvera. Nous voulons la vraie République puritaine. Cette perspective les fera rugir de rage, car pour eux pas de supplice égal à la nécessité d'observer la justice, la vertu. Plutôt mille morts que de ne plus pouvoir faire servir la société à leurs personnes, à leurs plaisirs et à toutes leurs tristes vues.

L'œuvre de la Révolution a été de découvrir et de revendiquer la loi de justice, la règle que les sociétés doivent suivre. Non contente de la trouver, elle devait aussi l'appliquer, elle n'y a pas réussi. Cette partie de sa tâche reste toujours à accomplir, et la Révolution ne sera close qu'à ce moment. Jusqu'alors il faut la continuer en partant du point où elle a fait fausse route. Elle a accablé avec la force les gens coupables qui s'opposaient à elle. Elle ne devait pas les combattre ainsi.

En politique, tous les systèmes se ramènent à deux termes : le bien et le mal. Et cela en dépit des appellations qui sont à l'infini. Le mal, c'est la monarchie qui tient les hommes courbés sous l'iniquité et le mensonge. Le bien, c'est le *desideratum* et le guide de la Révolution. C'est ce qu'elle a institué comme le contraire de ce qu'elle avait renversé, c'est donc la Constitution de 1793.

Robespierre est de tous les députés celui qui a le mieux compris le bien à rétablir, l'œuvre à faire et le plus souffert de la vue du mal. C'est le grand initiateur, c'est un apôtre, c'est un martyr.

Si toute la masse qui s'est ruée sur sa mé- moire avait détesté le terrorisme, elle n'aurait pas fait cause commune avec les thermidoriens qui combattaient pour le terrorisme. Mais Robespierre voulait la vertu, la rénovation sociale par la vertu, la République par la vertu. De là venait la fureur des gens aveugles qui s'intitulaient les honnêtes gens et les modérés, de tous ceux qui voulaient faire de la société une exploitation pour leurs plaisirs, leur bien-être, leurs convoitises, et qui prétendaient que l'on respectât leurs vices comme la sagesse. La justice pour tous, le bien de tous, la moralité leur étaient des obstacles et des supplices. Ils ont ramassé toutes leurs forces, toutes leurs ruses, pour se déchaîner contre lui. Ils l'ont ensuite calomnié et travesti. Ils ont voulu faire croire qu'ils l'avaient persécuté parce qu'il était vil. Ils auraient voulu le voir vil ; ils ne redoutaient pas les extravagants, mais seulement l'homme sage et pur qui remplaçait le mal par des mesures et des doctrines sensées, salutaires et équitables, partant durables.

Tous les corrompus, tous les réactionnaires ont prêté la main parce que Robespierre était vertueux. Ils faisaient semblant d'attaquer en lui un terroriste, ils n'attaquaient que le révolutionnaire consciencieux, c'est-à-dire le républicain sincère et l'homme vertueux.

Que conclure de là ? Que nous devons revenir à Robespierre, continuer Robespierre, reprendre son œuvre et sa tradition. Lui mort, tout a été perdu. La Révolution (le retour au vrai) n'avait plus de représentants. Le terrorisme en avait encore.

Il nous faut, non pas le gouvernement de combat imaginé en 1793 sous le nom de terreur, pour avoir raison des intrigants, mais la République pour laquelle on combattait ; la République inaugurée le 10 août 1793 dans la fête en l'honneur du plébiscite et de la Constitution. Alors nous n'aurons pas seulement le mot, mais aussi la chose. Si vous craignez de mécontenter les gens de mauvaise foi, vous sacrifiez une partie des principes et vous ne faites plus rien de bien. Vous ne pouvez rien établir de stable ; le peuple se lasse des indécisions, du vague, ne soupire plus qu'après le repos et consent à toutes les lâchetés. La République telle qu'elle a été conçue et formulée en 1793 est la vérité politique (la République et non le gouvernement de combat imaginé pour lui aplanir les voies, gouvernement qui a été la cause de sa perte momentanée). Lorsque vous quittez le faux, ce doit être pour aller nettement à la vérité. Si vous n'osez le faire, vous vous condamnez ; vous louvoyez entre le faux et le vrai.

Vous trahissez les principes, ce qui est le plus grand mal que vous puissiez faire. Et comme toutes ces tergiversations engendrent l'obscurité, au lieu de vous suivre, le public va vers le faux qui lui est déjà connu. Les deux termes entre lesquels il faut choisir sont opposés et clairement hostiles. Pour vaincre l'un, le mal, il faut revendiquer tout à fait l'autre. Si vous n'osez pas, si vous faites un amalgame de choses contraires, si vous combattez avec des formules vagues, vous servez les hypocrites qui se couvrent volontiers de mots, prennent tout votre vocabulaire et vous submergent sous eux ; les faibles et les ignorants penchent vers eux.

Souvenez-vous de 1793 ; relevez-vous de la République immortelle et de la Constitution de 1793, et vous n'aurez pas besoin de vous faire légitimer, de convoquer une assemblée. On ne pourra vous contester. Vous devez être les continuateurs d'une œuvre légitime entre toutes. Soudez les anneaux brisés. Tous ceux qui y font obstacle se sont perpétués ; ne l'oubliez pas. Ils répondraient à votre indulgence par des trahisons. Plus de thermidoriens.

Il ne faut pas, sous prétexte que l'on répudie la rigueur, déserter les principes. Ne persécutez pas les adversaires, mais soyez fermes dans votre ligne et dans la fidélité à votre ligne. N'imposez pas les principes à l'aide de mesures sanguinaires, mais ne cessez de les confesser et appliquez-les dans toute leur étendue. Ne soyez pas apostats en croyant être pacifiques.

Les plus grands ennemis, les plus acharnés, sont le plus souvent des gens qui ignorent les principes et qui ne veulent pas en entendre parler. Leur ignorance leur plaît parce qu'elle est favorable à la satisfaction de leurs mauvais instincts, leur seule préoccupation. Ils pressentent que si les principes triomphaient, ils seraient obligés de se corriger, et ils ne veulent pas changer. Ils invectivent, ils sont prêts à faire pis. Ils aiment mieux cela que raisonner. La nation ne peut être tenue en suspens par ces gens-là, ni, ce qui serait bien pis, vouée à la mort, parce qu'ils réussiraient à étouffer la vérité sous leurs clameurs. De la bonne volonté. S'ils sont faibles, ne changeons pas pour nous mettre à leur niveau : changeons-les. Vainquons-nous nous-mêmes. Voilà le grand triomphe qui mènera à tous les autres. Ils invoquent tous les prétextes pour ajourner la raison et les principes. On verra plus tard, disent-ils. Ils sont toujours ainsi, quand il s'agit de venir aux principes. C'est qu'ils espèrent les éluder en gagnant du temps. Les écouter serait un grand tort. Revenir aux principes est déjà une victoire, ça n'en empêche pas d'autres, au contraire.

Plus de mensonges, plus d'illégalité, plus de castes privilégiées, plus de corruption, plus de faiblesse, plus de vices. Arrière les mœurs immondes ! L'orgie dure depuis thermidor, il est temps d'en finir. Oui, il est temps et grand temps. Un retard de quelques jours et pour nous c'est la fin funeste, la ruine, la mort complète. Arrière les fantômes ! arrière les apparences ! Place aux hommes ! ou, s'il n'y en a plus un seul, place au silence de la mort !

Les hommes coupables qui éloignent la société des sentiers de l'équité pour l'attacher à des mensonges d'ordre apparent qui n'est que la servitude et la déchéance, ces hommes-là sont incorrigibles. Les désastres de la patrie ne les touchent pas. En vain savent-ils que la liberté est nécessaire au peuple pour vivre ; qu'une nation avilie est destinée à périr parce que les barbares qui l'entourent, dépourvus de conscience et de vaillance, se jetteront sur elle, sûrs qu'ils

seront que ses chaînes et sa mollesse la rendront incapable de se défendre. Peu leur importe qu'elle vive pourvu qu'ils se satisfassent. Est-ce qu'il y a une patrie pour eux ? est-ce qu'il y a autre chose que leur personnalité dépravée et leurs jouissances immondes ? Tous les rétrogrades (quel que soit leur drapeau) sont ainsi. En vain la République vient au secours de la France et lui dit : Lazare, lève-toi ! Tous se précipitent sur le cercueil dans lequel ils l'ont ensevelie, et ils veulent en fermer le couvercle dans la crainte qu'elle ne ressuscite. Qu'elle périsse plutôt qu'ils ne soient privés de leurs priviléges ! Il ne faut ni les persécuter ni les châtier, certes, quoiqu'ils ne soient pas avares, eux, de mesures sanguinaires contre les défenseurs de la justice ; mais il est bon de les confondre. Ils ne tiennent pas tous le même langage, mais ils ne diffèrent que dans des mots. Le résultat est toujours le même. Il suffit donc d'en démasquer certains pour les démasquer tous. Puisque l'un d'eux, fidèle à sa pose d'impudence, a osé élever la voix devant cette France dont les plaies morales sont encore plus pitoyables que ses nombreuses blessures qui saignent à cette heure, portons la lumière de la vérité sur tous ses mensonges. Que l'impudence et la morgue dans l'abjection ne nous en imposent pas.

Notre constitution politique c'est celle que la nation s'est donnée. La France a donc sa constitution, et elle est condamnée à l'anarchie et au malheur jusqu'à ce qu'elle ait le courage de l'imposer. Les ambitieux et les intrigants qui exploitent le pays inventent des constitutions à leur usage, dont ils se servent pour perpétuer leur usurpation et en imposer au public. Ces constitutions ont la force, grâce à nos fautes ; elles n'ont pas autre chose. Elles sont nulles et nul est tout ce qu'elles consacrent. Des chambres françaises qui puisent leur origine dans un de ces textes ne sont que des réunions anti-françaises qui usurpent des pouvoirs et qui n'ont qu'une existence factice. Elles sont au service d'un individu ; tout ce qu'elles font, votent, ratifient est nul. Une chambre française est celle qui est nommée d'après le mode fixé par la constitution que la France s'est donnée, et qui exerce les attributions établies par la France elle-même dans sa constitution. A côté du vrai est toujours le faux, du droit l'inique, de la Constitution de la France les textes impudents des intrigants.

Le seul souverain légitime d'un peuple c'est lui-même. Un pouvoir monarchique n'est jamais légitime ; il peut subsister appuyé par la force ou par la ruse ou même par l'avilissement de tous les membres de la société ; il existe, mais sans en avoir le droit. Un peuple qui se donne un chef s'abandonne, se livre lâchement, n'a pas le courage de porter le fardeau de ses destinées, se suicide enfin. Il manque alors à ses devoirs, et ce qu'il fait n'est pas le moins du monde respectable, pas plus que les crimes des individus. Au-dessus des nations tout aussi bien que des individus il y a des lois morales qui les dominent et qu'elles ne trahissent jamais impunément. La situation actuelle de la France en est la démonstration éclatante. Un

homme qui se vend, qui se fait esclave, est un être vil qui mérite tous les malheurs, mais qui fait ce qu'il n'a pas le droit de faire, un acte sans légitimité. Cela est vrai au même titre des peuples.

Si cet homme se relève, celui qui le tenait en esclavage ne peut pas lui dire : Je suis votre maître ou votre empereur. Vous l'étiez, parce qu'il n'existait pas, à vrai dire : du jour où il remonte à la dignité d'homme, il remplit son devoir, et toute domination disparaît devant son droit.

Pour une nation, il n'y a de légitime que d'être, de vivre pour elle-même et partant de se posséder. Tout le reste n'est qu'une calamité plus ou moins déguisée et revêtue de mots imposants. Ça ne représente que des mots. Peu importe le nombre de dupes qui ont donné la main à la déchéance. Le grand nombre ne prouve rien contre le bien.

La souveraineté du peuple est inaliénable. Si un individu parvient à l'en dépouiller à son profit, c'est un devoir toujours debout que de la lui reprendre. Ses dénégations adressées à ses anciennes dupes ou aux autres bandits, ses confrères, ne prouvent que son effronterie.

Toutes les protestations contre ceux qui ont pris en main le soin de la revendication ne sont que des enfantillages d'un autre âge. Un peuple qui a recouvré son bon sens, avec sa liberté et sa dignité, comprend que tous les individus qui le composaient avaient le mandat et l'obligation de réagir contre l'usurpation et de la renverser. Dans la lutte du mal contre le bien, celui-ci n'est pas désarmé par le triomphe de son adversaire. Sa défaite momentanée n'infirme en rien ses droits ni son devoir de continuer la lutte.

Les chartes et les lois que peuvent faire les pouvoirs tyranniques ne restent intactes qu'autant que l'aveuglement funeste engourdit les consciences et obscurcit la loi primordiale. Il faut que cet aveuglement disparaisse ou que la nation meure. Il n'y a que les bandits d'assez endurcis pour river quand même la société à leur domination, et la tenir enchaînée aussi longtemps qu'au milieu de son agonie il lui reste un peu de souffle.

Ils n'ont pas à discuter, il n'y a pas d'enquête à faire, rien à abroger. Au soleil de la justice ils disparaissent avec tous les vices qui les avaient rendus possibles : leurs agitations, leurs ruses pour raffermir ce qui se brise peuvent exciter le dédain, voilà tout. Qu'importe qu'ils consentent à notre affranchissement ? Qu'importent les mensonges dont ils se couvrent ? Ils sont habitués à nous mener ainsi, et ils ne peuvent comprendre que, du jour où la raison nous revient, c'en est fait de l'audace des imposteurs. Ils prétextent encore l'intérêt de l'État. Écoutez un tyran. C'est pour nous qu'il a précipité notre ruine, c'est pour sauver l'armée. On sait bien qu'il a sauvé autre chose d'abord, et que c'était cela qui le préoccupait aux derniers moments. Enfin, s'il ne le sait pas, nous lui apprendrons qu'autant qu'il est en lui il empêche le bonheur de la France, et que le factieux n'est pas l'homme qui se fait le champion de la souveraineté nationale, mais celui qui l'opprime.

Non, vous n'êtes pas chargé de nous représenter, et vous n'avez pas à parler en notre nom. Votre impudence n'y fera rien. Nos terreurs qui faisaient votre force se sont dissipées. Nous connaissons notre ennemi, c'est vous. Énumérez vos services, vous ne changerez rien à nos résolutions. Vous avez imaginé des périls et vous en avez facilement triomphé. Notre tort a été de n'avoir pas démasqué vos grossières supercheries. Vous rappelez les prospérités, un mouvement factice, un recul vers le luxe, la vie molle ; c'est une honte. Il nous faut le repos et la tranquillité dans le bien, et partant durables. Nous sommes éveillés, vous dis-je, ne parlez donc pas de drapeau, d'honneur ; vous ne vous adressez plus à des esclaves placés sous la hache. Vous avez fait de la France, debout et honnête, une vile esclave, plongée dans la boue au bruit des musiques et vouée au mépris de l'univers. La société poursuivait sa marche vers le bien ; vous l'avez rivée aux anciens abus, et vous avez dit : La société est sauvée. Il fallait dire : Le mal est sauvé. C'est votre tentative qui l'a perdue et enserrée dans des mensonges. Vous êtes le coupable.

Oui, il y a des principes qui font notre force, et si, attentant à toute liberté, vous avez suspendu la déportation au-dessus de ceux qui auraient voulu en parler, c'est que l'on ne pouvait en parler sans vous démasquer. Vos mœurs étaient-elles austères pour prétendre soutenir le drapeau de la famille ? avez-vous les mains pures de l'argent des contribuables ? avez-vous laissé respectueusement à la nation toutes les propriétés qui lui appartenaient, vous qui vous dites l'apôtre de la propriété ? Aimez-vous Dieu, vous qui souillez une nation et qui prenez les mots pour des pensées ? Vous avez vu qu'à force de réfléchir sur la religion, la propriété et la famille, on allait arriver, à travers quelques crises, à les posséder en réalité, et, peu soucieux des grands buts, vous vous êtes senti perdu, et vous avez arrêté les grands élans et les chercheurs inquiets. Au nom des principes vous avez tué ceux qui les cherchaient, et vous avez enchaîné la société auprès des grossiers simulacres, en bénéficiant de tous ces malheureux malentendus, votre ouvrage.

Injuriez les penseurs, c'est votre affaire ; tous les hommes à embûches, à guet-apens, à coups d'assommoir font ainsi.

Vous avez masqué votre égoïsme et vos convoitises d'un gros mot ; vous ne travailliez pas, disiez-vous, pour votre mesquine ambition, mais pour le principe d'autorité. C'est un gros mot, ce n'est que cela. L'autorité, comme vous l'entendez et comme vous l'avez pratiquée, ce n'est pas un principe, c'est un abus. Vous avez ôté à la nation le droit d'avoir une volonté, d'exister par elle-même, vous l'avez mise en tutelle, dans les mains de certains hommes. Eh bien, c'est là l'histoire du passé, c'est la restauration de tous les attentats que la Révolution est venue détruire. Grâce à vous, tout son œuvre est à recommencer. Nous aussi nous voulons de l'autorité, mais l'é-

quitable, la sage, la bienfaisante. Nous voulons que l'autorité soit aux principes, au juste, et non aux hommes.

Mais ça vous faisait une arme et vous vous en êtes servi. Vous vous êtes servi de bien d'autres choses, vous avez pris tous les mots ; à vos inventions vous avez mis aussi les étiquettes de liberté, de progrès sage. Lorsque les ténèbres se sont dissipées, en dépit de tous vos efforts, vous avez changé de langage : vous avez parlé de liberté ; mais, disiez-vous, il fallait une liberté avec de l'ordre, c'est-à-dire qu'avant tout il ne fallait déranger ni vous ni vos instruments.

Mais, sans analyser davantage, vous êtes jugé. Comment, vous parlez ! vous osez parler ! La malheureuse France expie dans les larmes, le feu et le sang, la bassesse de vous avoir supporté, et devant ces malheurs et ces hontes, votre ouvrage, vous n'avez pas la pudeur de vous cacher ! Bien plus, vous n'hésitez pas à dire que vous n'avez pensé qu'à son bonheur et à sa gloire. Eh bien, ayez la modestie de vous cacher, car vous n'avez guère été habile. Vous ne savez donc pas qu'il n'y a ni gloire ni bonheur pour un peuple qui ne se possède pas lui-même, un peuple avili par l'esclavage enfin.

Quand je disais que vous exploitez tous les mots. Vous ne craignez pas maintenant de parler de devoir. Vous ne voyez donc pas enfin que la France ne veut pas mourir, qu'elle sait qu'on se rachète par la liberté et par la vie vouée à la raison sévère, et qu'elle ne veut plus avoir rien de commun avec vous. Cessez donc de vous accrocher à elle.

Par un jugez tous les autres. Ils sont innombrables, ils se déguisent, mais pour revenir toujours à leurs priviléges. Les masses sont dupées, menées et pressurées. Tout est perdu. La révolution est à recommencer, et ce sera ainsi tant qu'on ne reviendra pas carrément à la constitution de 93.

Il faut introniser, dans les lois et dans la société, les grands principes de la morale et de la vertu. La république seule le peut. Comprenons-la donc ainsi. C'est quand on aime la vertu qu'on arrive à la république, qui seule peut vivre avec la vertu et ne peut même s'en passer. La vertu pour l'individu, la république pour la société : deux termes identiques. La magnanime France de 1793 le comprenait ainsi.

Qu'est-ce que la république puritaine ? C'est la vraie république. Celle qui assure la souveraineté populaire en substituant la loi aux hommes dans le gouvernement. En la substituant réellement, sincèrement, effectivement et non en paroles. Celle qui fait de ces moments de joie profonde, de débarras salutaire, de soulagement, de fierté honnête et de liberté qui suivent les soulèvements victorieux de la conscience publique comme en 48 et en 70, l'état permanent de la société. Celle qui parle de la morale publique avec amour et non pour l'exploiter, qui la remet sur ses vraies bases, c'est-à-dire qui honore Dieu, l'âme immortelle et la vertu ou la subordination du corps, sans lesquels elle n'est point, qui donne enfin l'ordre et la sécurité. Les meilleures garanties de l'ordre et de la sé-

curité sont la morale publique et la justice ; et la république, seule de tous les gouvernements, ne peut se séparer de la morale publique ni de la justice. Elle en est l'incarnation, et, à vrai dire, elle est le triomphe de la vertu et de la justice, tout autant que celui de la liberté. Sans vertu, pas de liberté ; l'esclave des vices est bientôt l'esclave des hommes. Ça se tient. La république appuie l'ordre sur sa vraie base et sa meilleure garantie, c'est-à-dire la morale publique. Elle est l'ordre et la sécurité, puisqu'elle est la justice. L'ordre veut que toutes les énergies, toutes les facultés, toutes les puissances de l'homme aient leur libre cours sans autre guide que la morale. Il ne consacre pas l'antagonisme des individus, ni l'écrasement des uns par les autres. Il leur assure à tous, au même degré, la vie et l'épanouissement honnête et légitime. Quant à cette pratique, qui consiste à faire faire le silence sur l'atrophiement du plus grand nombre, à faire taire ceux qui ne veulent pas laisser ternir l'excellence de leur nature ni consentir à voir dans les promesses que la condition humaine fait à chacun de nous un mirage trompeur, une flamme subtile qu'il faut laisser éteindre, cette situation là est le désordre ; ça ne serait pas si ça n'était imposé : à l'ordre vrai, les âmes vont d'elles-mêmes. Le simulacre hideux, qui reçoit ce nom dans nos sociétés malheureuses, n'est que la prise de possession hypocrite de la société par une catégorie d'hommes iniques. C'est licence pour quelques individus et oppression pour tous les autres. Quant à la sécurité, elle se trouve aussi par la république. Mais il va sans dire que c'est la sécurité du bien et non celle du mal. Ceux qui veulent faire de la société une caverne dont ils sont les maîtres, ceux-là qui ne veulent pas être gênés dans leur œuvre égoïste, vile et féroce, n'ont plus de protection. La sécurité est pour tous ceux qui n'ont pour mobile de leurs actes que la justice. Enfin, la république assure la liberté par la Constitution de 1793.

Faisons maintenant une question qui devrait être bien inutile, mais que la noirceur et la mauvaise foi de tant de gens hypocrites rendent utile et indispensable. Posons-la et que la réponse confonde à jamais les hommes perfides. Qu'il soit bien entendu, une fois pour toutes, que ceux qui jettent des doutes et des accusations sur les républicains sont dénués de bonne foi, n'ont que des buts inavouables et méritent tous les reproches qu'ils adressent aux autres.

Qu'est-ce donc qu'un républicain ? C'est un ami de la liberté, de la justice, de l'ordre, de la propriété, de la famille et de la religion, un homme qui veut être un vrai honnête homme. Il faut le déclarer bien haut, il est temps de sortir d'un malentendu qui dure depuis trop d'années. Il faut cesser de prendre pour des êtres sans foi ni loi des hommes qui ont horreur du mensonge et de tous les vices, et qui veulent pour eux et pour la société le règne du bien, les seuls enfin qui soient sincères et consciencieux en parlant de foi et de loi.

Lorsque l'on parle d'ordre, il est nécessaire de s'entendre. L'ordre, la famille, la propriété, la religion, sont des biens précieux, sans lesquels les hommes, les sociétés ne peuvent vivre, ainsi que le montrent les déchirements et la dégradation qui ont pesé sur les uns et sur les autres jusqu'à ce jour, et qui continueront à les affliger et à les avilir tant qu'ils n'auront pas su les atteindre. Chacune de ces choses légitimes et respectables a été supplantée par une informe caricature qui a pris sa place dans la société actuelle. Chacune d'elles ainsi travestie est une arme dont les fourbes se servent pour en imposer au grand nombre et pour le maintenir sous eux. Avec ces noms vénérés qu'ils ont sans cesse à la bouche, et en s'intitulant modestement le parti des honnêtes gens, ils attirent à eux presque tout le monde. Ils bénéficient du respect naturel que l'on a pour les principes, ils les exploitent et les méconnaissent. Ce dernier avantage est inestimable à leurs yeux, et c'est pour le conserver qu'ils détestent et poursuivent si fort les républicains, ces gens coupables de vouloir en finir avec les mensonges pour leur substituer des réalités.

L'ordre c'est la justice et le calme ; mais le calme qui résulte du bonheur et de la dignité de tous : les prétendus honnêtes gens entretiennent des émeutes dans les rues pour ressaisir leurs priviléges lorsqu'ils leur échappent et ils ramènent l'iniquité. La propriété doit être accessible à tous, et personne ne doit s'approprier les ressources de l'État. Les amis de la propriété l'aiment tellement qu'ils veulent que l'organisation sociale soit faite en vue d'eux et pour leur permettre de dépouiller tout le monde. Ils se servent de la force publique pour opprimer les gens qui les empêcheraient de tourner tout à leur profit. Citons deux exemples entre des milliards. Les actionnaires placent-ils leur argent dans un chemin de fer pour tel ou tel ou pour eux ? Eh bien, tel personnage fera faire une station inutile et coûteuse à tel endroit qui lui plaît. Ça sera un préjudice pour l'actionnaire, mais un avantage pour lui, qui, avec l'argent qui ne lui appartient pas, trouve le moyen de donner de la valeur à une propriété à lui. Tel autre use de son influence pour faire passer dans ses propriétés, à l'aide d'un long détour, un chemin ou une route que les contribuables payent. Ainsi du reste. Non, les désordonnés, les adultères, les suborneurs, les voleurs, les irréligieux, ne sont pas les républicains. En revanche, c'est parmi eux que l'on trouve les sincères, les purs, les désintéressés et les seuls intelligents. Il n'est pas étonnant qu'ils soient aussi les calomniés. Comment seraient-ils respectés par des gens qui font trafic de tout ce qui est sacré, qui ignorent qu'il y a des lois morales, qui veulent que l'humanité continue à les ignorer comme eux, et qui prétendent qu'elle se contente des copies difformes, des caricatures immondes, et qu'elle ne connaisse jamais les modèles suprêmes, c'est-à-dire l'ordre vrai, la famille, la propriété et la religion véritables ? Il ne faut plus que les ressources de la société soient employées à enrichir davantage encore les possesseurs du sol qui veulent sans doute

arriver à tout absorber. Il faut que l'on ne gagne que par soi-même , honnêtement enfin. Alors la propriété sera accessible à tous et légitime, et l'on n'aura pas besoin de s'appuyer sur des polices, sur des armées, sur l'hypocrisie et sur l'ignorance des campagnes. L'anarchie aura disparu avec les exploiteurs de la société ; la justice sera au-dessus de tous les individus et l'ordre vrai sera enfin réalisé.

Citoyens, vous qui devez aimer l'ordre, aimez la liberté qui vous le donnera et ralliez-vous de bonne heure à la constitution de 1793. Seule , elle assurera la tranquillité, puisque, d'une part, elle prévient les soulèvements tumultueux en les rendant sans objet, et que, d'autre part, elle coupe court à toutes les intrigues royalistes en mettant fin au provisoire.

Soyons donc d'accord pour vouloir la république avec la constitution de 93 et pas autrement : nous ne serons plus exposés à des lendemains funestes. Le jour du triomphe ne sera pas employé à des déchirements ni suivi de réaction ; il sera consacré à l'installation de l'organisation définitive, au salut de l'ordre. Comprenons la force que nous gagnons pour l'action, et après, dans cette circonstance heureuse que notre formule est toute prête. Si l'on s'en fait un épouvantail, c'est qu'on ne la connaît que par les récits des gens qui ont intérêt à la calomnier. Qu'on la lise avec attention et sans parti pris ; on ne tardera pas à voir qu'elle est un chef-d'œuvre de modération et de sagesse. Ici pas d'arrière-pensée, pas de disposition captieuse destinée à éluder la loi souveraine au profit d'intérêts mesquins et individuels. Pas d'autre préoccupation, nul autre résultat cherché que de réaliser la justice.

Citoyens, rattachez-vous à la constitution de 93 et vous agirez en défenseurs intrépides du juste, en penseurs habiles à démêler le bien sous tous les voiles de la calomnie, en conservateurs sincères et désireux d'installer à jamais l'ordre réel, en politiques sachant prévoir qu'il est temps d'arracher la France aux agitations funestes entretenues par les passions égoïstes des privilégiés et se hâtant, pour cela, de poser la première pierre de l'édifice de l'avenir. Faites cela et, avant tout , vous remplirez votre devoir. Vous en tirerez, en plus, des avantages qui vous récompenseront largement. Le pays pourra enfin se reposer dans un ordre solide et respectable qui le préservera des déchirements intérieurs et de la violence de l'étranger, de la ruine en un mot.

Bonaparte a acquis un grand renom à bon marché. On lui a attribué une foule de mérites qu'il n'a jamais eus. Les hommes ont été aussi prodigues d'éloges pour lui qu'avares d'approbation pour ceux qui ont voulu réellement le bien. Indifférence et enthousiasme, tout tombe à faux depuis thermidor ; tout est mal. Les esprits sont injustes, autant que les cœurs sont dépravés. On a donc dit que Bonaparte a mis l'ordre en tout, fixé et installé toute une société nouvelle. Il aurait pu, il aurait dû le faire. C'était son devoir, comme c'est encore celui de tout le monde, et comme ce sera celui de tous ceux qui vivront avant que l'ordre vrai

et bon ne soit établi. Il est tout formulé et sanctionné, et n'attend que l'heure du vrai réveil du pays. Bonaparte l'a relégué bien loin et il a remis en honneur tout ce qui avait été rejeté comme mauvais. C'est cette restauration qui lui a valu et qui lui vaut encore tant d'éloges, et que les revenants présentent sournoisement comme l'installation nouvelle et définitive. Son ouvrage consiste en ceci : il a rétabli tout ce qui avait été renversé par la révolution, et celle-ci est à recommencer. Tous les abus ont reparu ; les noms seuls ne sont plus les mêmes. Il faut donc revenir au plus vite à la révolution afin d'effacer tout ce passé qui s'est perpétué ; la constitution de 93 est là pour cela. Quand elle sera en vigueur, et seulement alors, on pourra dire que l'ordre nouveau et régulier est installé.

Si vous l'aviez décrété le 4 septembre, comme vous le deviez, on ne verrait pas, après cinq mois, des gens méditer, au nom de l'ordre, le renversement de la République, ce qui ne peut, cependant, se faire que par des émeutes et du tumulte. On n'entendrait pas des gens dire, après plusieurs mois de République, qu'on ne sait pas ce que le pays fera ni ce qu'il voudra. Enfin l'hypocrisie et l'intrigue seraient déjouées. La volonté du pays est signifiée depuis longtemps, elle n'est pas écoutée malheureusement, et le pays lui-même se trahit. Rien n'y fait. La France n'a qu'un moyen de s'asseoir à jamais dans un ordre immuable, c'est de revenir à ce qu'elle a proclamé jadis, à ce qu'elle a institué pour remplacer le passé. N'oubliez pas que ce passé est revenu. C'était la conséquence toute naturelle de la défaillance générale. Il faut absolument rentrer dans la logique.

Pour ne l'avoir pas fait on a roulé de catastrophes en catastrophes. Qu'on n'oublie pas que la fin est au bout. Toute la dégradation, tous les esclavages, toutes les douleurs que nous avons subis ou que nous subissons n'ont pas d'autre origine. Que ces enseignements ne soient pas perdus. Apprenez que vous ne reculerez pas plus longtemps devant la réalisation du droit ou que vous disparaîtrez. Apprenez qu'on ne peut trahir la République impunément. Qu'il faut être vil pour le faire et qu'un peuple vil n'existe plus.

Un peuple capable de reculer devant la République, manque à un devoir et marche vers sa fin. Sa lâcheté prouve qu'il est en proie à un alanguissement funeste. S'il s'y abandonne au lieu de le secouer, il meurt bientôt. C'est la conséquence.. Les hontes les plus immondes, l'esclavage brutal, l'insolence d'un maître et de ses séides, leur machiavélisme inextricable, il supporte tout sans que la rougeur lui monte au front, sans se sentir soulevé par la moindre indignation. Le repos dans la boue est son lot ; il ne soupire plus après autre chose. Il n'a de colère et d'invectives que pour les quelques âmes fières et honnêtes qui regimbent et protestent contre l'oppression. Ce peuple est mort. Il n'attend pour disparaître que le premier choc de l'étranger.

Répétons-le donc : un peuple qui repousse

la République est un peuple vil. Il commet un crime et il court à sa fin.

Une nation a une destinée à remplir, destinée de grandeur morale, de perfectionnement à atteindre. Si elle n'a pas la sagesse de le comprendre, si elle recule aux jours solennels des transformations, si elle préfère la torpeur de l'esclavage aux fortes pensées de la Liberté appuyée sur la justice et sur la vertu, les chaînes qu'elle se donne se transforment un jour en un lacet fatal qui l'étrangle dans les mains de l'étranger et elle disparaît dans les horreurs de la conquête. Ne nous en prenons donc pas surtout aux ambitieux qui ont mis à profit nos défaillances : maudissons notre pusillanimité qui a reculé devant les rudes labeurs de la rénovation. Deux fois, en 92 et en 1848, nous avons été conviés au retour à la justice et au bien, à la réalisation du règne de Dieu sur la terre, deux fois nous avons reculé devant les privations que nous devions imposer à nos habitudes et à nos vices. C'est de la sagesse et de la moralité de tous que dépendent la force, la grandeur et la réforme politique d'une société. Nous ne l'avons pas compris. Nous avons préféré satisfaire nos passions, suivre nos convoitises. Nous nous y sommes enterrés. Ce sont elles qui nous ont battus et terrassés. Elles pèsent toujours sur nous. Les ambitieux et les endormeurs ont profité de nos sottises.

Les généraux de l'empire ne cessaient de se glorifier dans leurs revues et de crier que l'armée était l'élite de la nation, que l'armée était l'honneur du pays, qu'elle était tout enfin. Ça n'était pas ainsi que faisaient les généraux de la France en 94; non-seulement ils ne se séparaient pas du pays, mais ils se mettaient au dessous du pouvoir civil comme ça doit être dans une Société bien organisée; non seulement ils ne pesaient pas sur le pays, mais ils regardaient leur vie comme bien remplie si, en mourant, ils sauvaient leurs concitoyens et en étaient estimés. C'est qu'ils étaient des citoyens avant de prendre les armes et sous les armes et qu'ils combattaient pour la France et pour des idées. La France en représentait alors.

Vous avez cru qu'une nation pouvait renoncer à sa destinée et à ses devoirs, leur préférer la mollesse des esclaves et vivre ainsi éternellement. Apprenez que faillir ainsi pour un peuple, c'est se suicider. Du jour où l'on a été asservi à un homme, il a été clair que le pays était perdu et qu'il marcherait plus ou moins lentement à sa ruine sous l'étranger. Il faut qu'une telle situation ait une fin. Deux fois on a présenté le salut au peuple français; deux fois il a eu la République. Il ne s'est pas montré digne de la conserver ; il l'a perdue. Il a cru qu'il n'en serait que cela. A ces époques-là il a signé son arrêt de mort. Tout peuple qui recule devant le bien et devant la République par conséquent, est fini. Il trahit ses devoirs. Il n'a plus de raison d'être, de cause de durée.

Voici la fin de la fin. Vous aviez le rêve de prendre Berlin. Vous ne savez pas qu'il n'y a d'autre gloire pour un peuple, tout comme pour un individu, que la justice et la vertu. Vous dites qu'il faut repousser la

honte qui nous menace. La honte, mais depuis vingt ans notre vie n'est faite que de cela. Nous sommes blasés là dessus. Il n'y a que les idées qui ont de la force, il n'y a qu'elles qui peuvent sauver. L'idée est conspuée, bâillonnée depuis vingt ans. Ah ! vous pensiez que l'on pouvait impunément trahir le devoir et se complaire dans la lâcheté. Vous avez reculé devant les efforts qu'il fallait faire sur vous pour vivre en République, de ce jour vous avez signé votre arrêt de mort. Vous avez cru que vous vous sauviez; vous vous êtes frotté les mains de joie en disant : nous l'avons échappé belle. Vos yeux étaient tellement aveuglés que vous preniez le salut pour la perte. Vous n'avez pas voulu vous déranger de vos iniquités, de votre vie bestiale, vous avez mis votre espoir dans un gouvernement despotique qui vous garantissait la satisfaction de vos immondes appétits pourvu que vous lui livriez tous vos droits, tout ce qui fait la vie morale, la Liberté. Après avoir fait cela vous avez été contents. Vous avez dit : il n'y a rien à craindre. Les pompes, l'éclat, le bruit, les fêtes du despotisme vous ont rassurés. Ses armées vous ont semblé le boulevard infranchissable aux étrangers et aux réformateurs. Vous avez assis votre confiance sur le sable. Ce ne sont pas les armées qui sauvent. Vous le voyez. Quand tout converge vers un homme un rien fait crouler l'édifice. Il a été le commencement du châtiment, l'étranger en sera la fin. Vous voyez si votre lâcheté a préservé quoi que ce fût de ce qui vous tenait tant à cœur. Vous n'avez plus fait d'affaires, plus gagné d'argent, vous avez été criblés d'impôts, vous n'avez plus de sécurité. Vous avez pris le sentier qui conduit à la mort. Le jour en est venu. Il faut que ça finisse. Vous qui avez eu peur des nobles travaux, des généreux efforts, des grandes tentatives ; vous qui avez tué les Républicains pour sauver votre mollesse ; vous qui nous avez insultés pendant vingt ans parceque vous vous estimiez forts; vous n'étiez que du verre qui va être brisé. Vous nous avez condamnés à l'impuissance ; au nom de vos grossiers intérêts, de vos hideux calculs vous nous avez contraints de nous consumer dans des regrets mortels, dans des protestations inutiles, dans la rage. Nous avons souffert mille morts depuis vingt ans pour que vos vils appétits et vos digestions ne soient pas troublés, vous allez donc enfin être punis. Voyez-vous maintenant vos mépris, votre brutalité féroce, votre égoïsme implacable se tourner contre vous et vous perdre. Vous avez enfoncé les épines dans nos chairs, crucifié nos âmes. A votre tour maintenant. Si nous vous ressemblions nous en serions contents. Nous le regrettons, mais nous reconnaissons qu'il n'y a rien à faire. Après les effets viennent les conséquences; en ce jour il faut que le pays recueille les fruits amers de sa conduite.

Vous vous êtes soumis au despotisme, vous en subissez les suites. C'est inévitable. Il faut que cela soit ainsi. Autrement il n'y aurait pas de justice. Vous vous figuriez, vous, que l'on se complaisait dans le mensonge et que ça durait à perpétuité.

Une nation qui se dégrade, qui préfère

l'ignoble silence des esclaves aux sublimes soucis de la République, se condamne à la mort.

L'administration est admirable en France ! Bien belle organisation ! Et puis pas exigeante et pas coûteuse du tout. C'est qu'elle a été envahie, comme tous les services publics, par les débris des anciennes castes qui en ont fait des sinécures pour eux et des armes contre nous tous.

Les peuples grandissent, leurs éléments s'agrégent, l'union est faite. Une fois cette formation élémentaire obtenue, la société doit agir sur elle-même. Elle commence par les qualités brillantes. Aux déchirements continuels succède la tranquillité : l'avenir de la nation est assuré, car elle est assez puissante pour se défendre : les esprits s'éveillent; l'aisance vient avec le calme; on perfectionne tout ce qui rend la vie plus facile ; la littérature et les arts qui doivent la rendre plus aimable sont cultivés avec éclat; puis surgit la philosophie, qui doit rendre compte de tout et en même temps redresser et conduire l'individu et le corps social. Car la société est à remanier, toutes les iniquités et les violences passées ont laissé des traces profondes. Il faut les faire disparaître. A cette condition, le pays remplira sa destinée. Les peuples doivent réaliser la justice ; ils doivent arriver à un ordre parfait dans lequel il n'y aura ni tyrannie, ni égoïsme, ni mensonge. La justice y régnera, les lois y seront l'expression de la volonté générale, et cette volonté sera éclairée et équitable. Voilà le but. Aucun peuple ne l'a atteint. Trois peuples s'en sont rapprochés, mais arrivés à ce point où il n'est plus permis de reculer devant leur réalisation, où la somme des défaillances et des lâchetés pardonnables est comblée, ils ont reculé encore une fois et se sont ainsi voués à la ruine. Ce sont les Juifs, les Grecs et les Romains. Maintenant les Français en sont au même point. Ils en sont aux dernières convulsions. Et voilà comment finissent des peuples qui devaient être de grands peuples.

Non, Danton, la liberté n'est pas une prostituée, la liberté est une fille sage qui ne peut rester sur la terre lorsque la terre n'est peuplée que d'hommes sans moralité. On l'a dit, la liberté est un fruit du ciel, et ces fruits-là ne sont faits que pour les nations qui les méritent, c'est-à-dire pour les nations vertueuses. Faut-il s'étonner maintenant qu'elle ait été presque toujours exilée de la terre.

Ils suivent la même marche que la Grèce, la Judée et Rome, ils auront le même sort.

Ils sont plongés dans l'infamie jusqu'aux oreilles et ils se figurent que ça durera toujours. Ils s'imaginent que c'est tout naturel. Ils seront vite détrompés : s'ils réussissent à conjurer le danger pour cette année, ça recommencera bientôt. Malheureux ceux qui vivront alors.

Écoutez-les dire qu'ils sont à la tête des nations. Ils sont vils, ils sont esclaves, ils sont dupes de quiconque veut les asservir et les exploiter et ils sont émerveillés d'euxmêmes. Viendra le réveil.

Depuis l'empire il est de mode d'avilir et

d'insulter Paris pour ameuter la province. Toutes les fois que les âmes se relèvent à Paris, on éveille la jalousie des campagnes, on leur dit qu'elles ne doivent pas se laisser mener par cette ville. Celles-ci font chorus, et en combattant Paris elles ne voient pas qu'elles ne font que perdre la France et être l'instrument de son ennemi le plus grand, le gouvernement actuel ou de la coalition des diverses castes exploiteuses.

Elles veulent que les jambes dictent des lois à la tête. Elles voient plus clair maintenant que l'étranger menace. Où vise-t-il? Est-ce au cœur et à la tête ou aux pieds? Se croit-il maître de la France parce qu'il est maître de Nancy ou d'une autre ville? Non. C'est à Paris qu'il veut aller. Il sait que Paris pris, la France perd son point de ralliement et résiste avec plus de difficultés. Et l'ambitieux qui a trompé les campagnes où a-t-il fait son coup d'État? où a-t-il voulu dominer d'abord? Paris est le centre d'où la vie circule partout, parce que Paris ne s'isole pas du reste, qu'il renferme des Français de tous les départements et qu'enfin il défend la cause commune à tout le pays. Ne le blâmez que lorsqu'il vous envoie la mort comme en 51. Autrement, loin de vous éloigner de lui, aimez-le, faites-en votre centre d'action, et ne voyez en lui que la ville que vous chargez de parler avec vous et pour vous.

La République est le terme forcé auquel doivent aboutir les sociétés, parce qu'elle ne peut s'appuyer que sur la justice et sur la vertu et que les sociétés doivent, comme l'individu, tendre à la perfection morale ou disparaître.

Tout le monde le sait. Les ennemis de la République le savent mieux que qui que ce soit, car c'est justement à cause de cela qu'ils la détestent et que tous les moyens leur sont bons pour la rendre impossible. Ils ne l'avouent pas, ils recouvrent même leur hostilité d'une foule de prétextes sonores. Le croira-t-on? C'est au nom de la religion, de la famille, de tout ce qu'on respecte et de tout ce qu'ils dédaignent, qu'ils ne craignent pas de combattre la forme de gouvernement sous laquelle on n'a que de vains fantômes, des images décevantes et grossières de tous ces biens immatériels. C'est aux citoyens des campagnes à ne pas se laisser tromper.

Qu'est-ce que la France depuis dix-huit ans, ou, pour parler plus exactement, depuis soixante-dix-huit ans? C'est une prison, c'est un lupanar, c'est un mauvais lieu, c'est tout ce qu'on veut, sauf une nation et une patrie. Est-ce une patrie pour moi que le pays où je suis bâillonné, conspué par tous les galopins dorés et effrontés, où il n'y a de sûreté que pour le vice, d'expansion que pour le vice, de place que pour le vice?

Vous, qui n'étiez ni abrutis ni indifférents, ni corrompus, votre vie a été une silencieuse et pesante torture depuis dix-huit ans.

Les despotes, les prétendants et les conquérants disent que notre malheureux pays est en proie à l'anarchie. S'il est malheureux, c'est leur ouvrage. Ils sont tous ainsi. Dès qu'on rompt les chaînes et les trappes qu'ils avaient préparées pour rester toujours les maîtres, ils trouvent qu'on est dans l'anarchie. Ce sont ces vertueux personnages qui personnifient l'ordre, à ce qu'ils disent. Ne veut-on pas se rendre, ne se laisse-t-on point piller, assassiner, outrager sans rien dire, ils prétendent que la France est esclave et à la merci d'un pouvoir tyrannique, enfin que l'anarchie règne.

L'anarchie, c'est tout ce qui ne plaît pas à ces tristes personnages.

C'est un mot qui leur est bien utile et qui ne manque jamais son effet.

Pour l'appuyer, ils suscitent des troubles. En outre, des apparences semblent leur donner raison. La société qu'ils ont faussée indignement pendant des siècles est cahotée et tiraillée avant de reprendre son aplomb.

Tous ceux qui souffrent de ces secousses ne prennent point garde qu'elles sont causées par le long désordre qui a régné dans la société et qui a tout perverti; ils ne voient pas, en outre, que ces ambitieux, qui ont volé le pays pendant longtemps, emploient une partie de leurs vols à exciter des troubles après leur départ. Les gens indifférents aux principes ne veulent point souffrir et accusent la République du mal que leur a laissé le régime précédent. Ils se mettent contre elle. Avec un peu de patience on arriverait au moment où la justice reprendrait le dessus. Grâce au mauvais vouloir des dupes et à la fourberie des traîtres, les intrigues viennent tout embrouiller et aggraver le mal. Alors la majorité insouciante se tourne contre la République. Le tour est joué : les vices l'emportent encore une fois et le bien est ajourné.

Il n'y a pas comme ces gens pour lesquels il n'est rien de sacré, qui se jouent de la vie, des biens, de l'honneur d'autrui, afin de satisfaire les vues basses de leurs âmes dépravées et immondes; comme ces gens qui entravent la justice, la République, la tranquillité publique, la fin de la misère, l'harmonie de la société en vue de s'établir sur toutes les ruines; non, il n'y a pas comme ces artisans d'anarchie pour accuser les honnêtes gens de faire du bruit et du désordre. On fait du bruit pour renverser le mal, on fait pour renverser le bien; grâce à l'effort de tous les fourbes c'est au premier qu'on donne le nom d'anarchie. Le vice revêt tous les costumes, toutes les apparences, et il est maître de la terre. Y a-t-il de plus grands artisans d'anarchie que les porte-couronne, ces gens toujours prêts à semer la division et la haine entre les citoyens?

Les factieux sont les hommes qui attentent à la souveraineté nationale et, partant, à la Constitution qu'elle a sanctionnée. Les factieux sont, en effet, ceux qui se révoltent contre le pouvoir légitime. Factieux et usurpateurs, ces personnages qui s'attribuent de la puissance sur les citoyens. Ils appellent ordre l'ordre de choses inique dont ils profitent. Ils parlent des maux de la société et ils ne voient pas qu'ils en sont le plus grand. Ils accusent l'anarchie sans la voir où elle est : pour eux, elle ne consiste que dans les efforts pénibles, mais honnêtes, que fait la société dans le but de sortir des mensonges, des artifices, des erreurs, des injustices dont ils profitent et dans lesquels ils la tiennent. Ce qu'ils appellent anarchie, ce sont les efforts que la France fait pour sortir de l'anarchie. Tant que des individus auront une volonté, une influence, une autorité quelconque dans les affaires publiques, il n'y aura pas de société, mais seulement un vestige de l'esclavage. Il ne doit y avoir de puissance pour aucun individu ; la justice a seule le commandement et rien qu'en vue d'elle-même. Les principes et les lois doivent être au-dessus de tous et plier toutes les têtes.

Une Constitution est soumise à certaines règles, doit remplir certaines conditions. Ne l'est pas tout ce qui reçoit ce nom. Les usurpateurs exploitent ce mot comme tant d'autres.

Il y a un type que les Constitutions doivent réaliser. Celles qui s'en rapprochent ou qui ont pour but avoué et indiscutable de s'en rapprocher, comme celle qui a été faite en 1793, sont légitimes : les autres sont mauvaises et NULLES. Ces Constitutions-là, faites par quelques individus dans l'intérêt d'un personnage et d'une coterie sont INCONSTITUTIONNELLES; elles n'obligent point. On n'est tenu à rien envers des Constitutions INCONSTITUTIONNELLES.

A la base d'une organisation sociale, il faut, de toute nécessité, la présence et le respect des principes émanés de la justice, il faut par surcroît un plébiscite loyal et sensé, c'est-à-dire l'acquiescement de la population aux principes. Cette déclaration n'ajoute aucune force aux idées, mais elle est un engagement des suivre et un gage de prospérité pour la société. La France régénérée possède tout cela, puisqu'elle a la Constitution de 1793 et que cette Constitution a été souhaitée, acclamée, votée et fêtée par le pays tout entier.

Les Français ont été consultés; ils se sont prononcés, ils ne peuvent revenir sans cesse sur ce qui a été fait. Ils le peuvent d'autant moins qu'un peuple qui a rempli le devoir imposé à tout peuple de réaliser la perfection dans ses institutions, se rend doublement coupable en oubliant ce qu'il a adopté.

Puisque vous prétendez vous constituer les gardiens des droits du pays, ne lui imposez pas un gouvernement nommé par vous; respectez ce qu'il a fait; rangez-vous autour de la Constitution qu'il a votée.

Il l'a votée avec bonheur. Sa joie avait deux causes : il voyait dans la Constitution la réalisation de la République, il y voyait aussi la fin des intrigues des royalistes, de leurs tentatives de désordre et, en conséquence, des mouvements et des coups de vigueur de Paris; il y voyait, enfin, l'installation d'un gouvernement fait et ordonné par le pays lui-même.

C'est par cette Constitution de 1793 qu'il a entendu réagir contre l'initiative illimitée et très-utile à certains moments de Paris, en même temps qu'il voulait fonder la République. Revenez-y donc, si vous êtes sincères, vous qui vous instituez ses défenseurs. C'est ainsi qu'il a voulu abriter sa souveraineté contre toutes les usurpations.

Que ceux qui veulent qu'il soit libre et maître de lui-même commencent par respecter ce qu'il a institué lui-même comme sauvegarde de sa souveraineté.

La France, la France elle-même, la France entière a fixé son choix en fait de gouvernement et de constitution; en juillet et en août 1793, elle a songé à arrêter son organisation d'une manière équitable, rationnelle et définitive, et elle a manifesté hautement sa volonté de vivre en république et d'adopter la Constitution faite par ses représentants au mois de juin précédent.

La question de déclaration du pays et de Constituante se trouve vidée; ce sont donc les pouvoirs institués par la Constitution de la République française qui doivent prendre en main la direction des affaires.

Pour faire la volonté de la France, il faut convoquer un Corps législatif et non pas une Constituante.

Une Constituante serait un attentat à la République qui est constituée et à la souveraineté nationale qui s'est prononcée.

Oui, la souveraineté nationale s'est prononcée; il faudrait enfin se le rappeler et se soumettre, au lieu de la tourmenter pour lui faire dire autre chose que ce qu'elle a voulu.

Habitants des campagnes, vous vous êtes élevés autrefois en faveur des principes, vous les avez revendiqués et défendus avec énergie, soutenez-les encore. Ne vous séparez pas des gens des villes, fuyez la discorde et les haines fratricides. Gardez-vous d'écouter ceux qui ne craindraient pas de vous pousser dans une voie aussi criminelle. Regardez autour de vous et vous verrez que ce ne sont pas les ouvriers des villes qui veulent vous enlever vos terres. Sachez que ce n'est pas en détestant vos frères des villes ni en facilitant des évolutions rétrogrades que vous assurez votre tranquillité ni votre prospérité. Au nom de la justice, sans laquelle la France périra bientôt, faites-vous, comme il y a quatre-vingts ans, les défenseurs du droit et des principes; rappelez-vous tout ce que les régimes aristocratiques vous ont infligé de vexations, de douleurs, de désespoir et de misère; ne vous vengez pas, mais n'allez pas, non plus, tendre vous-mêmes vos mains pour qu'on les enchaîne; rattachez-vous à la Constitution que vous avez votée et sanctionnée en 93. Vous n'avez que des désirs de stabilité, aimez donc le juste et ne vous amusez pas à faciliter des aventures, des recherches et des tentatives réactionnaires qui sont toujours des sources de désordres; tenez-vous-en à ce que vous avez fait. Vous avez envoyé des délégués à Paris porter votre adhésion à un ordre équitable et définitif que vous consacriez de votre approbation; cet ordre social a été ajourné, puis éludé. Votre volonté est restée, jusqu'à ce jour, à l'état de lettre-morte; empêchez qu'il n'en soit plus longtemps ainsi, car il y va de l'existence du pays. Si vous ne voulez pas de tumultes, de crises incessantes, de massacres ni de vengeances, si vous ne voulez point non plus d'invasion, fuyez la réaction et ses projets égoïstes, gardez votre œuvre, veillez sur l'accomplissement de vos anciennes décisions, réclamez la mise

en vigueur immédiate de votre Constitution de 93, qui vous sauvera de tous les écueils en ne confiant à personne, autre que vous, le soin de vos destinées.

La France périra si elle reste dans les ornières du passé. Qu'elle cherche la force dans le retour au bien, c'est là que se trouvent le rajeunissement et la vie; qu'elle applique donc, en dépit de tous les intrigants, la constitution de 93. C'est son devoir. Si les Français l'ignorent, ils sont perdus.

En politique, une bonne chose ne peut être repoussée impunément. Un pays qui a su s'élever jusqu'à la conception de l'idéal et réaliser la justice dans un acte constitutionnel, n'est plus libre de reculer. On ne peut délaisser le bien, une fois connu, sous prétexte qu'on est vil et qu'il ennuie. Je le dis à mes contemporains, je le dis avec la plus grande conviction et avec la plus profonde tristesse, car je vois que personne n'a l'intelligence des devoirs à remplir, de la conduite à tenir. Croyez-moi; une voie mène à la mort, c'est le passé; celle qui sauve, c'est la révolution, c'est-à-dire la constitution votée. Si vous ne vous pénétrez point de cette vérité, vous n'aurez plus un jour de bonheur ni de tranquillité; vous marcherez à travers des crises sans cesse répétées à votre fin définitive, qui sera l'affaire de vingt-trois ans. Il faut que le centenaire de 1794 voie le triomphe de la vérité et, par conséquent, de la constitution de 1793, ou que la France disparaisse. Le malheur s'appesantira sur elle jusqu'à ce qu'elle y revienne; mais passé ce centenaire, ce sera fini. Une infamie aussi prolongée sera enfin suivie de ses conséquences.

Je m'adresse aussi à la France de l'avenir, à celle qui pourrait être le témoin du désastre et qui nous accusera. Je m'adresse à elle, car je ne veux pas qu'elle me comprenne dans les malédictions dont elle accablera tous les aveugles et tous les avilis d'aujourd'hui. Qu'elle écoute ma voix, cette voix qui n'a éveillé aucun écho en ces temps lamentables, je veux lui dire encore une fois qu'elle aura encore le salut à sa disposition: mais qu'elle devra se hâter de rejeter les régimes du passé et le mensonge pour proclamer la constitution de 1793, qui seule peut mettre fin à toutes les iniquités. Jusqu'en 1894 le pays pourra se relever par une décision qui rachètera tout. Après il sera trop tard. Le nom même de la France disparaîtra.

J.-A. MANCEL.

E X T R A I T

DE LA

BIBLIOTHÈQUE DES ÉLECTEURS

Brochure politique publiée en Mai 1869

PAR

J.-A. MANCEL

On n'a pas à craindre les forces aveugles et menaçantes, tant que l'on va en avant, que l'on marche vers la réalisation des principes supérieurs. Si l'on s'arrête, si l'on perd sa voie, si l'on tourne la civilisation vers le mal, on est perdu. Des deux choses mauvaises, la corruption civilisée ou la corruption barbare, celle-ci l'emporte et détruit l'autre.

Tant que les peuples avancés marchent, ils n'ont rien à craindre du nombre. Athènes a triomphé des Perses. Dès qu'ils s'arrêtent, le châtiment arrive. Ainsi les Grecs, les Juifs et Rome sont morts pour avoir reculé devant les dernières réalisations du bien. Le Christ n'a-t-il pas dit clairement que Jérusalem périrait pour avoir méconnu la voix des prophètes, pour avoir éloigné le règne de Dieu qu'il venait établir? Ne faisait-il pas dire par ses apôtres: Notre père qui êtes aux cieux, que votre règne arrive, que votre volonté soit faite sur la terre comme au ciel? Lorsque Dieu s'est retiré d'un peuple, une poignée de barbares suffit pour anéantir ce peuple. C'est ainsi que les Francs ont pu se rendre maîtres de la Gaule.

La France porte encore les destinées du monde, mais il faut qu'elle pense sans cesse à la Judée, à la Grèce et à Rome...

Nota. — Les prophètes étaient les républicains, les hommes de bien de la Judée. — Le règne de Dieu, c'est l'État régi exclusivement par les principes dans toute leur vérité; c'est la situation de la société lorsque ses membres n'ont plus affaire à des hommes mais seulement à la loi; c'est le gouvernement et l'autorité retirés aux hommes et donnés à qui de droit, c'est-à-dire au bien; c'est la république enfin.

<div style="text-align:center">~~~~~~</div>

PROTESTATIONS

1. Je proteste contre l'armistice parce que l'armistice est le premier pas sur une pente funeste qui mène plus loin qu'on ne pense. Je proteste contre la paix, contre toute paix faite avec la monarchie prussienne.

2. Je proteste contre la convocation d'une Constituante parce que la France a fait elle-même sa Constitution et que ce sont les pouvoirs fixés par cette Constitution qu'il faut élire.

3. Je ne reconnais point d'autre constitution que celle qui a été votée par la France tout entière en l'année 1793. Tant que cette Constitution n'aura pas été amendée régulièrement je n'en reconnaîtrai point d'autre.

4. Si l'assemblée qui sera nommée ne déclare pas, d'abord, que la république est au-dessus de toute discussion, que la constitution votée en l'année 1793 est la constitution de la république, qu'une assemblée élue aujourd'hui ne peut donc être que le corps législatif fonctionnant selon les termes de cette constitution et qu'enfin elle ne veut à aucun prix faire la paix avec la Prusse, je proteste, d'avance, contre tout ce qu'elle fera.

J.-A. MANCEL.

Fin Brumaire 70.

PÉTITION

—

Je, soussigné,

Considérant que tout citoyen a le devoir de veiller sur la chose publique et le droit de la redresser lorsqu'elle incline au mal ;

Considérant que dans tout état libre le moyen d'exercer ce droit est fixé, qu'en tout cas il ne peut être que rationnel, persuasif et calme comme le vote , le pétitionnement et la discussion ;

Considérant que la violence des citoyens dans une République est doublement mauvaise, d'abord comme oppression destructive du droit et de la société et ensuite parce qu'elle sert de prétexte à d'autres brutalités et à d'autres oppressions bien plus funestes, attendu qu'elles ne finissent point ;

Considérant que si un gouvernement régulier a le droit de ne tenir compte de la violence que pour la faire avorter, sans faire de représailles, bien entendu, il est, toutefois, le subordonné et le commis de la nation et qu'il a le devoir de s'incliner respectueusement devant le droit du citoyen légalement exercé;

Considérant que la République ne doit pas se soumettre, pour la conduite de ses affaires, aux usages des administrations organisées par et pour le despotisme, mais qu'il lui faut suivre ses principes méconnus jusqu'à ce jour au grand détriment du pays menacé de mort;

Considérant qu'un peuple en détresse ne peut être sauvé que par lui-même, et qu'il est perdu s'il se laisse dessaisir du soin de veiller à son salut par un corps quelconque, lors même que ce corps n'aurait pas d'autres idées que celles que le pays professe lui-même ni des intérêts opposés aux siens ;

Considérant qu'en 1792 et en 1793 c'est un élan national qui a sauvé la France ; que chez les peuples anciens, comme les Grecs et les Romains, qui ont repoussé des invasions de barbares innombrables, tous les hommes libres combattaient, et enfin, qu'une armée n'est un danger pour l'ennemi, et non pour le pays, que lorsqu'elle ne forme pas une caste à part et qu'elle se compose de toute la nation sous les armes ;

Requiers le gouvernement de prendre, comme il convient, la direction de la défense; d'assister à toutes les opérations militaires qui sont aujourd'hui l'affaire de la nation et non celle des hommes de guerre ; de ne confier les intérêts du pays qu'à ceux qui sont le pays c'est-à-dire aux *civils* et surtout de donner le ministère de la guerre à un *civil*; de ne pas souffrir que les soldats ne soient point des citoyens et marchent mornes et froids au combat sans acclamer la cause sacrée qu'ils doivent défendre et qui les soutiendra ; de licencier l'armée et de la reverser dans la garde nationale ; de supprimer le commandement en chef de l'armée de Paris, car il revient au pouvoir civil; de mettre à la retraite tous les généraux, tous sans exception, âgés de plus de quarante ans, situation exceptionnelle, mesures exceptionnelles ; et enfin, de n'accepter que des généraux jeunes, qui datent de la République, qui lui soient dévoués et qui s'honorent d'être subordonnés au pouvoir civil, qui comprennent enfin qu'il ne faut pas faire corps à part dans le pays, qu'il est bien plus beau de lui être utile et de le servir.

J.-A. MANCEL,

Publiciste.

Fait à Paris, le 5 Pluviôse de l'an 79.

MANIFESTE DES RÉPUBLICAINS PURITAINS

DEVOIR DE METTRE FIN A LA MISÈRE ET MOYEN D'Y PARVENIR

Il nous faut arriver à la liberté, à la justice et à l'extinction de la misère. Qui résoudra cette difficulté? La République, mais la République tout court, la vraie République, la République enfin. Elle fera cesser toutes les iniquités ; elle ne vivra que par les bonnes mœurs ; elle donnera tous les bonheurs possibles, la fierté, la dignité, la moralité et le bien-être par surcroît. La République mènera à ces résultats. Elle mettra l'ordre en tout et la misère disparaîtra et fera place à un bien-être général ; mais à ce bien-être nécessaire pour conserver la santé et pour la recouvrer lorsqu'une maladie ou un accident l'a compromise. C'est en assurant tous les autres biens que la République rendra celui-ci possible.

La République sociale ne signifie donc rien de particulier et il est inutile de prendre un mot que nul ne comprend , qui met la confusion dans les esprits et qui refroidit le bon vouloir de beaucoup de personnes. Si elle a un sens, elle ne peut vouloir dire que ceci : La liberté, la dignité, la moralité importent peu ; la seule chose utile c'est de participer à toutes les jouissances ; ce n'est pas le nécessaire qu'il faut, c'est la vie luxueuse et efféminée qui fait aujourd'hui le partage des riches corrompus ; de tous les droits il n'y a à s'occuper qu'au-

tant qu'ils peuvent aider à conquérir les plaisirs sensuels qu'une fraction de la société possède. Ou la République sociale n'a pas de sens, ou elle signifie tout ce que nous venons de dire, et l'extinction de la misère n'est pour elle qu'un prétexte. Une telle conclusion est inévitable, d'ailleurs, lorsque le point de départ est le matérialisme. Tout matérialiste qui n'aboutit pas à de telles conséquences manque de logique. Les matérialistes sont dans leur ligne en pensant ainsi, mais ils tournent le dos aux besoins et aux devoirs de la société. Loin d'étendre les jouissances du vice à ceux qui en sont privés, il faut, au contraire, amener tous les oisifs dépravés à se réformer. Les institutions républicaines y parviendront, ou ça en sera fait de la société française.

Tout le mal économique n'est pas dans la propriété, mais dans l'origine de la fortune. Une fortune édifiée par des moyens déshonnêtes, par la confiscation des ressources sociales, par l'appropriation de ce qui est fait et payé par tous les contribuables, comme ça arrive, par exemple, pour un conseiller général qui use, à son profit, de son influence sur les affaires du département : voilà un mal économique et en même temps un désordre moral. C'est la République sincère qui rendra impossible la richesse dés-

honnête. Du même coup elle empêchera la misère. Le problème est résolu. Il n'y a donc pas, si l'on est sincère, à inventer une République spéciale pour le résoudre. Chacun aura le fruit de son travail. Chacun jouira du capital, fruit de son travail, et dans le présent et dans l'avenir. Quand je ne peux plus travailler, j'ai toujours le droit de me servir à mon gré du fruit de mon travail antérieur, du capital que j'ai acquis. Je peux le prêter sous réserve d'une rémunération. Et pour la société il vaut mieux que je fasse ainsi que de le consommer, que de l'anéantir. Vous ne pourriez sans une grande injustice trouver cela mauvais. Comment, vous réclamez à grands cris le fruit de votre travail, et en même temps vous ne voulez pas que j'aie le fruit du mien; vous voulez même qu'il serve à vous et non à moi.

Ce n'est pas la propriété qui est coupable et qu'il faut attaquer, c'est la richesse mal acquise. Comment l'empêcher? Par la réforme politique. Que les lois ne soient plus faussées, qu'il n'y ait plus de priviléges, que les avantages de la société ne soient pas livrés à certaines personnes et vous n'aurez plus de fortunes scandaleuses, vous n'aurez plus de parasites. Il n'y a pas de question sociale, mais seulement une question politique. Elle résolue, tout sera bien dans la société ; l'ordre sera équitable, la propriété respectable, la famille pure, la religion sincère. Il ne faut pour tout cela qu'une chose, trouver un gouvernement honnête. Tout est là : honnêteté du gouvernement. Toutes les réformes dites sociales se résument dans la réforme politique ; celle-ci obtenue, la justice et la vertu régiront la société. Il n'y aura donc plus rien de mal, et, par conséquent, aucune espèce de réformes à faire. A l'heure présente il y a du mal certes, mais ce qu'il faut établir nettement c'est que la réforme politique peut seule le corriger.

Quel système mènera à la République ? Quel parti y tend consciencieusement ? Quatre partis se présentent : le grand parti de l'ordre, la République sociale, la République honnête et modérée et enfin la République puritaine.

La République sociale ? Une République anti-sociale est-elle une République ? Ce mot est donc vague et ne peut servir de drapeau commun. Il abrite toutes les colères, des projets égoïstes, des rêves désintéressés mais peu élevés, des chimères grossières, des convoitises, le désir d'une revanche et d'une substitution, et non la fin du mal. La République dite sociale parle de l'extinction de la misère et de la réforme économique ; elle en parle à tort, elle a pour but de déplacer la richesse et les abus plutôt que de les corriger ; elle ne présente aucun système pratique de rendre la propriété plus accessible à tous. Enfin elle marche d'habitude avec le matérialisme qui dégrade les caractères, les rend incapables d'apprécier la joie austère de la dignité républicaine et façonne à la servitude.

La République sociale n'est donc qu'un mot, un mot qui couvre les choses les plus opposées et souvent des intentions fâcheuses. Elle a servi d'épouvantail en 48 et a rendu bien des gens hostiles à la République ; elle vient encore d'être exploitée par les traîtres qui l'ont présentée aux indécis comme autrement redoutable que l'ennemi. C'était un crime, mais pourquoi a-t-elle, comme réforme intérieure, l'apparence d'une Babel ?

Il faut cependant que la République prenne possession de la France et qu'elle mette fin à la misère et réalise l'égalité économique. Son but est d'établir la justice et de donner à tous le bonheur moral et l'existence physique.

La République sociale est un mot et un obstacle, parce qu'elle éloigne la liberté, et qu'elle ne poursuit pas l'extinction de la misère, mais plutôt la satisfaction de convoitises blâmables et la guerre contre ceux qui mènent une vie méprisable, pour la mener à leur place. Il faut cependant absolument qu'il n'y ait plus d'opprimés, plus de vicieux, plus de pauvres. Là est la raison d'être de la République.

Elle ne sera assurée que lorsque les Républicains comprendront cette vérité, seront unanimes à la reconnaître et se seront rendus possibles en prenant tous le même programme et un programme précis, clair, indiscutable. Ce programme existe, il se résume dans ces trois mots : CONSTITUTION DE 1793, SPIRITUALISME, RÉPUBLIQUE PURITAINE. Il n'y a pas à dire qu'à notre époque on a d'autres idées, qu'on veut faire une constitution à soi, qu'on prendra ce qu'on voudra à l'ancienne, qu'on ne reculera pas jusque-là. Cette constitution a le droit ; rien d'équitable ne se fait contre le droit. On ne peut pas sortir de là.

Quant à la République puritaine, elle est nécessaire autant que juste. La République sera République puritaine ou ne durera point. Celle-ci nous donnera l'équité, la dignité et le bonheur au moral et au physique. Ce sera par la vertu qu'elle accomplira le prodige. Par un gouvernement honnête et à bon marché elle diminuera considérablement les impôts, supprimera les parasites, les fonctionnaires inutiles, les corrompus. Par la morale publique elle mettra fin aux dissipateurs, au gaspillage des capitaux. Les capitaux seront économisés et prêtés à un taux moins élevé puisqu'ils seront abondants sur le marché. Les personnes pauvres trouveront crédit sans autres garanties que leur moralité, leurs forces et leur talent. Sous l'influence de la vertu et de la justice les gens deviendront moins avides, payeront mieux les services et on arrivera à l'équivalence des chances et à l'égalité des salaires, du moins on en approchera. On réalisera l'égalité économique. Au surplus on la dédaignera, car la bonne conduite mettra à l'abri de la misère et l'on aura d'autre part la vraie dignité et l'on tiendra par-dessus tout aux joies austères.

La République puritaine nous donnera tout cela, tandis que la République sociale nous en éloigne toujours parce qu'elle nous divise et qu'elle alarme les indifférents.

La République puritaine nous rapproche et rassure tous les membres de la Société. Nous tous qui voulons la République éloignons-nous du mirage décevant, et prenons comme formule de nos aspirations ces mots : République puritaine.

La République honnête et modérée est incapable d'asseoir la République. Elle la fausse pour plaire aux réactionnaires et par crainte des principes dans toute leur étendue. Elle ne précise rien. Elle transige sur tout et en tout. Sans idées bien arrêtées, elle vit au jour le jour.

Une partie des Républicains socialistes a des vues désintéressées et raisonnées ; de même, dans ce qu'on appelle le grand parti de l'ordre quelques personnes sont de bonne foi. Ces exceptions admises, tout le reste des deux partis qui forment presque toute la société, se ressemble. Des deux côtés on ne rencontre qu'égoïsme, préoccupation exclusive des jouissances sensuelles pour les garder ou pour les acquérir par toutes sortes de moyens, mépris dissimulé de la justice et des lois morales.

Beaucoup de ceux qui invoquent l'ordre, la famille, la religion et la propriété ne s'en soucient guère. Ils exploitent ces choses respectables pour arriver à l'état de choses qui leur livre tous les objets de leurs ambitions et de leurs désirs. Ce sont des gens sans conscience, prêts à tout pour se satisfaire sous le manteau de l'ordre, bien entendu.

Le grand parti de l'ordre est le rendez-vous de toutes les hypocrisies, de tous les mensonges, de tous ces hommes qui anathématisent les émeutes et qui, pendant toute la durée de la République, ont conspiré.

Paris n'a pas bougé depuis cinq mois ; pendant ce temps, les repus ont intrigué et bouleversé la province au nom de l'ordre toujours. Ça livrait la patrie à l'ennemi ; qu'importe ? ça sauvera l'ordre des choses où, à l'aide de quelques hypocrisies, ils peuvent satisfaire toutes leurs passions et attirer à eux tous les avantages de la société. C'est là l'ordre parfait.

Ils veulent l'ordre comme mot dans la conversation, comme bâillon contre les gens qui ne sont pas leurs dupes. Ils ne le veulent pas comme chose réelle, c'est pourquoi ils détestent la République.

Ce triste parti est le rendez-vous des badauds, des corrompus et comme meneurs, de tous les individus qui soutiennent le système monarchique à cause des abus qu'ils l'accompagnent, car ils entendent en profiter. Ces sinistres farceurs ont des simulacres de tout ce qui est bien, et ils prétendent que ces vains simulacres sont des réalités. Quant aux réalités, ils les haïssent.

Le grand parti de l'ordre soutient l'organisation vicieuse de la société, le maintien du *statu quo*; l'ordre est pour lui un mot derrière lequel il s'abrite et nous bat. Tout ce qu'il veut, c'est le désordre dont il profite, le désordre appuyé par les baïonnettes, par le mensonge des privilégiés, par la pression de l'administration et le terrorisme de la police. C'est la réglementation de la société au profit d'une minorité effrontée.

Ce mot vide, ronflant et obscur de République sociale, n'a comme pendant que celui d'ordre dans la bouche des membres du parti, dit le grand parti de l'ordre. Celui-ci abrite des gens qui n'y attachent aucun sens précis, qui s'en servent pour cacher leurs vues basses et intéressées, qui ne veulent pas d'une situation régulière et immuable et s'arrangent beaucoup mieux des caprices et des volontés changeantes d'un individu ; c'est donc le parti de l'instabilité, des menées de tous genres, de l'égoïsme, des intrigues et du désordre hypocrite et incurable.

Pas une idée, pas un principe, pas une pratique honnête, rien que des vues étroites, fausses et personnelles, un égoïsme abject, des vanités stupides, des vices inassouvibles et toutes sortes de convoitises. Voilà, en quelques mot, ce que représente le parti de l'ordre.

La République sociale vaut mieux que le parti de l'ordre ; mais elle ne procède que par élans, par fougue, par récrimination ; elle donne carrière à toutes les prétentions ennemies dans la société que les socialistes veulent remanier, n'importe comment, mais remanier ; ils veulent étendre la mollesse à tous plutôt que de blâmer la mollesse, et ainsi du reste.

Ils tentent l'impossible et l'irrationnel ; leur but, c'est la réforme économique indépendamment de la réforme politique et de la réforme morale ; c'est vouloir la conséquence sans les prémisses.

A quoi bon prendre un nom nouveau, prétentieux, amphigourique, menaçant, pour dire simplement que la misère est un fléau que la société doit tâcher d'éteindre ? C'est un mot vide pris par des gens qui cachent, derrière ce vocable sonore de la fureur, de l'ambition, peu de souci des idées.

Vous ne trouvez pas une doctrine, mais rien que le vide derrière ce drapeau de ceux qui ont des colères et veulent frapper à droite et à gauche pour frapper, qui ne demandent qu'à donner accès aux jouissances raffinées du vice. Ils ne prennent pas garde que ce n'est plus là l'extinction de la misère. La question n'est pas de rendre communes à tous les satisfactions des vices, mais de réformer les riches corrompus et de rendre le nécessaire accessible à tous, ou même la propriété assurée pour tous ceux qui travaillent sérieusement.

Le grand tort de la République sociale, c'est d'être vague. Ça ne signifie rien et ça signifie tout ce que l'on veut. Comme elle ne peut avoir un programme clair et accepté de tous, les gens sans conviction peuvent s'y enrégimenter sans qu'il soit possible de les repousser ; les adversaires peuvent calomnier à leur aise, sans qu'on puisse les démentir : les uns et les autres travestissent la République, la dégradent et en font un épouvantail.

Les socialistes veulent s'affranchir d'une souffrance, mais se soucient peu des principes en eux-mêmes, du juste et de l'ordre vrai à établir. Ils oublient que la première réforme est de se réformer soi-même.

La République sociale n'est point précise. Elle ne peut rallier tous les esprits qui aiment la vraie République. Elle ne sert de drapeau qu'à ceux qui ne songent pas à fonder, mais à combattre. Elle ne répond point seulement aux consciences froissées, aux esprits avides de justice, elle abrite aussi des égoïsmes en quête de se satisfaire, des convoitises infimes.

La République sociale donne beau jeu aux gens malveillants, elle empêche l'établissement de la République, elle a même nui à la cause nationale. Tous les hommes énergiques ont été repoussés parce qu'on a pensé que, non contents de soutenir la lutte contre les Prussiens, ils s'occuperaient à leur manière des questions de l'intérieur. De là est venue notre défaite.

On peut lui prêter tous les projets, car elle n'a pas de programme un et elle répond non-seulement à des douleurs, mais surtout à des désirs immodérés et à des haines.

Bien des gens insouciants de la République se disent républicains socialistes et prétextent le bien général, mais ils poursuivent un but personnel. Ils veulent un changement qui mettrait entre leurs mains les abus dont ils se plaignent, mais qui ne les ferait point disparaître. Les souffrances injustes ne sont que le prétexte que beaucoup agitent pour se donner de l'importance.

Il y a, certes, parmi les socialistes beaucoup de cœurs généreux et désintéressés, beaucoup d'esprits honnêtes, c'est-à-dire sincères Leur malheur vient de l'erreur de leur système philosophique. Ils ne voient plus pour les autres que des satisfactions matérielles parce qu'ils sont matérialistes. Poursuivre ce but, c'est ce qu'on appelle vouloir les réformes sociales. On trouve maintenant qu'il ne faut s'occuper que de réformes sociales, et on ne considère pas la morale comme ayant une influence sur l'organisation sociale. Erreur. C'est elle qui a toute l'influence. Elle importe par-dessus tout et qui veut réformer doit vouloir implanter la morale. On rit d'entendre dire cela. On croit que l'homme avancé doit, pour se respecter, ne jamais parler de vertu ni d'âme. Il faut au moins être matérialiste pour être jugé digne de servir la cause. Eh bien, rappelez-vous que tant que les hommes de progrès seront matérialistes il n'y aura aucun changement de possible ni de désirable. Jamais, non jamais, les matérialistes ne pourront sauver ni régénérer une société.

La République sociale, la République honnête et modérée, le grand parti de l'ordre écartés, il ne reste pour mener à la République que la République puritaine.

Les républicains puritains sont les vrais républicains : ils sont spiritualistes, radicaux et robespierristes. Ils se placent de suite sur le terrain solide de la légalité et repoussent toutes les mesures transitoires, aussi bien le gouvernement révolutionnaire de la Terreur que l'inertie et la faiblesse des gouvernements provisoires. Ils ne frappent pas leurs ennemis, mais ils leur ôtent les moyens de nuire, ils les écartent, à moins d'un repentir sincère et attesté par de la bonne volonté à suivre la voie républicaine. Ils veulent que l'homme soit affranchi de l'homme et de la misère. Pour eux, si ces deux conditions ne sont pas remplies, il n'y a pas de société. Mais ils n'ont réellement que cela en vue, ils ne le mettent pas en avant pour cacher autre chose. Ils ne se trompent pas sur les moyens ; ils savent qu'ils atteindront ce double but en affranchissant l'homme des vices et en lui donnant la liberté politique et la République sans laquelle elle n'est qu'un mot. Seuls ils réclament la dignité de l'homme, les droits du citoyen et la fin de la misère. Non contents de les réclamer, ils y arriveront lorsqu'on les comprendra. Ils installeront la vraie République, celle qui s'appuie sur la justice. Les républicains puritains veulent l'extinction de la misère, mais ils ne sont pas socialistes parce qu'ils trouvent que le mot socialisme ne signifie rien et que partant il est nuisible. Les quelques bonnes choses qu'il réclame sont dans le programme de la République. A quoi bon compliquer, compromettre et obscurcir ce qui est clair ? Si socialisme voulait simplement dire extinction de la misère, les républicains puritains pourraient se dire socialistes, et ils le seraient vraiment. Mais ils ne le feraient pas et se contenteraient d'être des républicains. A quoi bon faire de la confusion et créer un mot pour dire ce qu'un autre dit beaucoup mieux ? Ils arriveront aussi par la rénovation morale qui fera naître le mépris des richesses à faire disparaître une chose qui les révolte et les dégoûte au plus haut point, les fortunes monstrueuses. La réforme politique est la vérité, le droit chemin, le remède à tous les maux de la société.

Il nous faut une doctrine simple, juste, commune à tous ; une doctrine qui déjoue toutes les feintes, qui finisse tous les abus, qui redresse les esprits, qui assainisse les âmes, qui ramène les cœurs à l'apaisement en les conduisant à la connaissance et à l'amour du bien. Cette doctrine c'est la vérité qui se résume dans ces mots : République robespierriste ou puritaine. Elle donne ce qui est juste, elle écarte toutes les volontés de ce qui est injuste.

La République puritaine est précise. Avec elle les gens de bonne foi ne sont plus inquiets et suivent l'envie qu'ils ont d'adhérer à la République. Les républicains de conviction, de raison, de conscience, d'attachement sont à l'abri des dissensions intestines. Ils ne se déchirent plus les uns les autres.

C'est la République puritaine qui fera le bien de tous, elle donnera la loi incontestable qui mettra tout en ordre par son jeu régulier.

Les républicains puritains sont énergiques et possibles. Ils veulent la République, ils veulent que la société s'affranchisse ; donc ils ne donnent rien aux hommes, ils leur ôtent l'importance. On n'obéit plus qu'à la loi et aux principes.

Avec la République puritaine on ne pourra plus abuser la masse des gens qui ne réfléchissent pas, on ne pourra plus exciter la défiance des gens des campagnes en disant : On va vous piller, on va vous égorger, etc. Que tous les républicains s'y rallient. Les paysans comprendront alors que ceux qui puisent dans les budgets, qui vivent du budget, sont les pillards et que ce sont ces gens-là qui suscitent des troubles.

La République puritaine donne l'ordre vrai ; elle réalise aussi le bien général, fait disparaître la misère et l'injustice.

La République puritaine rapproche tous les esprits dans la vérité. Elle donne satisfaction à toutes les revendications équitables, elle préserve de tous les écarts. Arrière le dissolvant, l'obstacle à l'établissement de la République, la République sociale ! Elle n'est pas une institution, elle ne peut être qu'une occasion pour toutes les passions de se démener, de se ruer au hasard et de s'annuler les unes les autres dans une crise terrible. Comme organisation elle n'existe point. Elle ne peut avouer qu'un but sans se soucier de savoir comment l'atteindre : l'extinction de la misère. Aussi n'est-ce souvent qu'un prétexte. La République puritaine efface tout le mal social, le vice d'une part, la misère de l'autre. Vive la République puritaine !   J.-A. Mancel.

APPRÉCIATIONS ET REVENDICATIONS
Réponses et Doctrine

La vie bestiale se trouve à l'enfance et à la mort des peuples. C'est le contraire qui les rajeunit. Tous jusqu'à ce jour ont succombé faute de l'avoir compris. Il faut demander la République certes, mais la sincère, la réelle, la durable, c'est-à-dire la République avec la Constitution de 1793.

Nous ne pouvons croire que nous avons subi tout ce qu'on nous a imposé depuis vingt ans, ni vu tout ce qui s'est étalé sous nos yeux. En vingt ans, tout le passé criminel a été relevé sous de nouveaux noms; nous avons vu défiler devant nous et sur nous féodalité, Louis XIV et Louis XV; nous sortons de l'enfer. Le second empire restera le synonyme de toutes les impudences, de toutes les audaces, de tous les désordres. Quand on voudra flétrir un homme on dira qu'il est digne du second empire; une époque on n'aura qu'à montrer qu'elle reproduit les mœurs du second empire. On a pourtant appelé ces ténèbres hideuses la lumière; cette immoralité, cette gangrène purulente, la morale publique. Au nom de la morale publique on a condamné tout ce qui n'était pas corrompu; au nom de l'intérêt de la société, on a persécuté tout ce qui voulait la sauver. Règne du mensonge. Cauchemar atroce. Affreuse époque.

Le second empire, la consolation du vice. Le second empire, une orgie, une édition nouvelle des thermidoriens, des incroyables et de la jeunesse dorée. Le second empire, l'immonde second empire, je le jette aux gémonies, je le voue aux malédictions de la postérité, à l'exécration de l'histoire.

Les jeunes gens qui avaient vingt ans en 1851 s'élançaient radieux vers l'avenir, lorsqu'un jour affreux on les a terrassés, on a posé un talon sur leur tête, puis on leur a passé une corde autour du cou et on les a tenus ainsi. Les uns sont morts, les autres sont devenus fous, d'autres demeurent avilis et le reste est mourant. Vous ne pouvez comprendre ce désastre. Devinez-vous l'angoisse du malheureux qui, placé sur un échafaudage qui se dérobe sous lui, tombe dans le vide, ou de celui qui voit s'engloutir le bâtiment sur lequel il est? Tel fut leur sort. Ils étaient appuyés sur des idées, des convictions, ils allaient se mettre à l'œuvre. Tout s'engloutit pour le plaisir d'un seul.

Plus de folie furieuse, plus de lâcheté. Marchons au but sans rien renverser brutale-

lement ; mais ne nous laissons détourner ni par les mensonges des amuseurs, ni par les injures des insulteurs, ni par la lâcheté des esclaves. Il ne faut plus remettre à demain les affaires sérieuses ; c'est aujourd'hui le jour de se redresser; les moments sont comptés. Ou le jour du juste, du vrai, du bien, de la République, de Dieu enfin, ou la mort.

Pour cela il faut sortir de notre abjection morale. Si nous n'élevons notre pensée à aucun principe supérieur à nos intérêts et à la vie matérielle, nous n'aurons ni la force ni la sagesse nécessaires. Retrempons-nous aux sources morales, revenons à la vertu, voyons quelque chose au delà de la terre, faisons-nous une croyance élevée qui glorifie notre âme et reconnaisse Dieu. Alors nous aimerons le juste et le bien, nous serons prêts à tous les sacrifices pour établir leur règne et capables de nous ceindre de la patience qui seule peut assurer le triomphe. Cette patience est impossible à l'homme qui ne court qu'à des buts grossiers et personnels; elle n'est facile qu'à celui qui aime le juste pour le juste et qui trouve sa satisfaction dans sa conscience.

Que pourraient les démonstrations et les parades d'un gouvernement mauvais devant la haute raison d'un peuple retrempé dans les idées morales et une croyance simple et saine; aussi incapable d'entraînement violent et aveugle que de complaisance vile ? Ce gouvernement ressemblerait à un pitre qui se bat en vain les flancs devant un public mal disposé, et qui, en fin de compte, tombe épuisé et s'estime heureux de rentrer derrière la toile de sa baraque.

Vous dites que nous n'avons rien fait. Vous nous le reprochez. N'est-ce pas nous qui devons vous accuser, au contraire? Que pouvions-nous faire dans la situation où vous nous avez mis? Nous n'étions pas préparés à mener la vie des esclaves, même celle des esclaves habiles dans un métier quelconque.

— Nous tendions vers le sublime; nous améliorions nos âmes; nous voulions monter sur les hauteurs du désintéressement. Nous sommes tombés dans le néant. Croyez-vous que nous n'avons pas souffert? Croyez-vous que la douleur de nous sentir écrasés et opprimés nous permettait les jeux d'esprit des rhéteurs et les talents qui ne portent point ombrage aux cours? Nous sommes restés inertes mais indomptables. C'est peut-être vous qui avez travaillé à river nos chaînes et vous nous reprochez de ne savoir faire que des *boum*, de nous lever encore oppressés et de soulager notre conscience si longtemps

endolorie en poussant un de ces cris terribles qui font trembler les édifices de la tyrannie. Si c'est si facile, que ne l'avez-vous fait? Dans ce seul cri il y a des angoisses poignantes, des aspirations étouffées, la résurrection enfin. Vous qui le railliez, vous ne le comprenez pas, vous n'étiez pas capable de faire tressaillir ni de relever les âmes tombées. Apprenez que pour cela les fleurs de rhétorique sont impuissantes, les thèses fleuries ou fines sont de nul effet.

C'est une secousse qu'il faut, c'est un effort surhumain qui est indispensable. Tout cela se résume dans un *boum*. Il n'est poussé que par les généreuses poitrines qui, pour vivre, ne peuvent point se passer de l'air pur de la moralité et de la liberté.

Cette génération, sacrifiée en 52, que peut-elle faire autre chose que de pousser quelques cris de rage aussitôt étouffés, que de faire entendre quelques râles d'agonie et de désespoir? Aux sanglots et aux cris désespérés succède le silence terrible de la mort. C'est là l'histoire de cette génération. Que peut-elle faire? Le champ promis à son activité a été brusquement fermé. On l'a préparée pour de grands travaux ; elle était armée de dévouement, de vertus pour les grandes choses ; et toutes les sphères lui ont été fermées; on ne lui a plus laissé à parcourir que la carrière des esclaves. Elle a préféré s'asseoir à l'écart en attendant la mort. Déplorons le sort de ceux qui sont morts, pleurons bien plus sur ceux qui, lassés, sont arrivés à douter des grands principes et ont succombé; pleurons sur ceux qui survivent. Ils sortent de l'enfer, il est vrai; ils reprennent espoir, ils en ont fini avec ces angoisses qui les assaillaient des fois en présence du crime triomphant, et les faisaient douter de leur conscience. Ils mourront heureux, car ils avaient désespéré; mais leur vie a été perdue, leurs forces ont été gaspillées. Il ne lui manquait plus à cette génération martyre que d'être raillée par ceux qui l'ont laissé précipiter dans l'abîme, qui ont même aidé à préparer ses fers, aveuglés qu'ils étaient par leurs folles terreurs et par leurs attachements réactionnaires. Ah! vous l'avez bâillonnée, vous l'avez garrottée, vous l'avez plongée dans les ténèbres, et vous lui dites : Tu n'as pas marché; tu n'as fourni aucune carrière; tu n'as pas agi. Vous lui avez fait un cachot, et vous vous étonnez qu'elle soit restée immobile et muette. Vous imaginez-vous qu'elle était faite pour figurer dans les orgies du despotisme? Croyez-vous que les hommes de cette génération étaient de ceux dont Chénier a dit qu'ils chantent dans des cages ? Non, ils n'y chantent pas ; ils se tiennent à l'écart avec leurs blessures ; ils croient que c'en est fait à toujours ; mais ils ne se rendent pas, ils protestent. Et ils n'ont rien à faire dans cette société que de lui dire des fois : Tu es vile ; tu t'étourdis ; tu triomphes de nous, tu es vile. Et cela fait, ils rentrent dans le silence. Leur heure était venue ; vous la leur avez fait perdre. Vous avez livré la place, vous avez passé la parole aux hommes de ténèbres et de boue, à ceux qu'on croyait vaincus à jamais ; ne vous étonnez donc pas si ceux-là seuls ont pu s'étaler au grand jour ! Vous pensez bien qu'à côté de telles gens les autres ne pouvaient venir.

Vous dites que vous avez fait de Paris la capitale de l'Europe. Pour cela il faut représenter une idée, car il faut agir sur le monde, lui donner l'impulsion. A-t-on eu la trace d'une idée sous l'empire ? Est-ce que les âmes n'étaient pas mortes ? Paris noir, laid, agissait sur le monde ; témoin la secousse qui ébranla toute l'Europe lors de la prise de la Bastille. Rome simple agissait sur le monde ; la Rome des empereurs était un rendez-vous pour tous les peuples, il est vrai, mais elle était tombée. De même Athènes et Sparte. De Paris vous avez fait, autant qu'il a été en vous, non la capitale, mais le lupanar de l'Europe. S'il a conservé quelque influence, ç'a été en dépit de vous et grâce aux quelques penseurs survivants que vous n'aviez pas réussi à étouffer.

Quand donc comprendra-t-on que l'argent du Trésor est l'argent des contribuables, qu'ils le donnent pour en tirer un parti, et qu'ils ne trouvent aucun profit dans tous ces emplois créés par le gouvernement ? Tout ce qui sert à payer des gros traitements, c'est de l'argent qu'on leur vole. Vous parlez du renom de la France ? Qu'est-ce qui fait la supériorité de la France ? Ce sont les écrivains, les philosophes, les savants, les médecins, les avocats, les ouvriers, les artistes, les laboureurs, tous gens sans traitement ; les autres servent le gouvernement contre le pays. Et plus les appointements sont forts, plus c'est vrai.

Vous parlez de désordre moral, parce qu'on crie contre vous et qu'on vous attaque avec violence. — Est-ce que vous ne nous avez pas bâillonnés ? Est-ce que vous ne tenez pas toujours la menace et la mort suspendues sur les têtes libres ? Est-ce que vous n'avez pas voulu le silence de la société pour tout organiser en votre faveur ?

Est-ce qu'une foule de désœuvrés n'ont pas été gorgés de loisirs, de trésors, de tout ? Est-ce de l'ordre moral, cela ? Qu'avez-vous donc semé que vous vous étonniez de récolter de la colère, de la furie si vous voulez ? Avez-vous appris aux hommes se respecter en les respectant et à être honnêtes, vertueux, sensés en l'étant ?

Les juges et les jurés qui ne remplissent pas leurs devoirs sont responsables de l'indignation ou de l'avilissement que leur décision fait tomber dans les consciences. Si l'indignation pousse quelques esprits énergiques à punir ce que la justice humaine a absous ; ce sont les juges seuls qui doivent en répondre.

Tout cela montre l'excellence des lois de la Révolution. Ces iniquités seraient-elles possibles si les juges étaient nommés par tout le monde ? Si ça arrivait une fois seraient ils réélus ?

Vous osez critiquer ces lois, et les déclarer impossibles. Que pourraient-elles donc faire de pis que ce qui se passe ? Votre histoire de tous les jours à vous, à vous pouvoirs bien entendu, c'est mensonge, exploitation, iniquité, scélératesse.

La nation a adopté la constitution de 1793. Ce n'est pas elle qui l'a écartée ensuite : Ce sont les circonstances. L'œuvre de ces circonstances ne peut durer.

Sully a laissé la réputation d'un bon administrateur parce qu'il a su diminuer les dépenses, économiser, faire une forte réserve Qu'on ne dise pas qu'une telle conduite empêche les affaires et augmente le nombre des malheureux. À cette époque les pauvres ont, dit-on, moins souffert qu'à d'autres. Le mouvement produit par des grands travaux n'est utile qu'à ceux qui les provoquent et ils ne le font que pour eux. Ça n'est pas de l'administration, c'est de la spéculation, c'est la perturbation dans toute la ville, c'est le désordre. C'est une prise de possession, c'est une usurpation, ce n'est pas de l'administration. Il en est des hommes publics comme des hommes privés, le plus grand bien qu'ils puissent faire c'est de ne pas faire de mal. Un bon administrateur veut être nommé par les administrés, il ne s'enferme pas à huis clos, il ne se soustrait pas aux regards. Avec lui tout se fait ouvertement ! publiquement, sous le contrôle des administrés. Tout se fait pour ceux-ci, rien que pour eux.

Les fonctions publiques doivent être peu rétribuées. Mais, dit-on, un préfet, un chef de bureau n'aura pas la même position qu'un banquier, il ne sera pas riche, il ne représentera pas. Sans doute, il sera pauvre, il entrera pauvre dans ses fonctions, il en sortira pauvre. Et là sera sa gloire. Une fonction publique doit être pour l'honnête homme le moyen de déployer son dévouement au bien général, sa probité, son désintéressement. Quel service rend-on au public si l'on commence par le charger du paiement d'appointements qu'on prélève. Que ceux que la perspective des devoirs à remplir n'attire pas s'éloignent ; les affaires n'en iront que mieux.

Pas d'emplois au dessus de 15,000 francs. Ministre, préfet, 15,000 francs. Est-on ministre pour toucher des appointements ou

pour remplir des devoirs, pour réaliser des améliorations, pour faire consciencieusement les affaires du pays et pour se retirer avec l'approbation de soi-même et l'estime des honnêtes gens ?

Dans beaucoup d'administrations les employés supérieurs font peu de chose, reçoivent des traitements énormes et ont toutes sortes d'avantages sans compter qu'ils molestent à plaisir leur maître qui est le public. Ils comprennent si bien leurs devoirs qu'ils se figurent pouvoir traiter le monde de haut, ne lui rendre aucun compte et s'acquitter de leurs fonctions à leur commodité à eux et non à la sienne. Ils ne se croient tenus à aucun égard vis-à-vis de lui.

Si vous ne voulez que détruire vous pouvez vous borner aux Girondins, à Marat, à Hébert, aux Dantonistes. Si vous voulez créer, remplacer le mal par le bien il vous faut vous rallier à Robespierre et à ses amis.

Le mal régnait sur la terre : la révolution est venue le briser et lui substituer le bien. Il n'y a donc rien à inventer ni à introduire entre elle et le passé. Quand on rompt avec celui-ci il faut aller à celle-là et franchement.

C'est donc un désaveu de sa cause que de ne pas se mettre à la suite de 93 et des hommes dont la mort a entraîné la ruine de de l'œuvre de 93. Que peut-on faire de bien et de durable quand on débute par rougir de ce que l'on est et par nier ce que l'on doit faire ?

Si Robespierre et ses amis n'étaient pas morts, la justice régnerait depuis soixante-quinze ans. L'organisation sociale serait excellente. Nous serions tous heureux et vertueux. Leur mort a retardé l'avénement du bien parce que leurs idées ont succombé avec eux. Pour ressaisir tous ces biens que les contemporains de ces grands hommes ont pu entrevoir, il faut suivre et réaliser leurs idées. Il faut reprendre et achever leur œuvre. Constitution de 93, institutions de 93, projets de Robespierre, voilà ce qu'il faut décréter. Tout ce qui est à faire est connu depuis soixante-dix-huit ans. Ça attend la bonne volonté et la bonne foi qui n'arrivent pas. Alors plus de crimes, plus de Tropmann, plus de vices, plus de gandins, plus d'adultères, plus de séduction, plus de mensonges, plus d'exploitations. Le règne de Dieu sur la terre.

Qui a dit que les Parisiens n'avaient plus de ville, qu'ils n'étaient que des contribuables ? Qui a voulu nous ôter le soin de notre cité, notre attachement pour notre ville, nos préoccupations de l'administrer et, pour cela, en faire le séjour d'un ramassis de désœuvrés et de flibustiers, de gens sans conscience et la travestir en un immense et en un immonde lupanar. Quant à ces gros mots de capitale du monde dont on cherchait à couvrir cet abaissement, ils n'ont pas de sens. Comment avoir de l'influence sur le monde quand on n'a pas une vie à soi, quand on est effacé, quand on ne représente rien.

———

Quand donc aura-t-on le respect de l'argent des contribuables? Quand donc comprendra-t-on qu'y mettre légèrement la main c'est voler? Comment! pour vos menées, pour vos vues, pour vos calculs, vous créez des contributions, vous prenez l'argent de tous. Il faut que tous payent ce qui ne sert qu'à vous, et bien plus ce qui nuit à tous le plus souvent. Battus, volés, voilà le sort des contribuables.

———

La gestion des affaires municipales se résume en peu de mots : Économie et contrôle. Liberté dans le choix des administrateurs, publicité de leurs débats, contrôle de toutes les affaires. Ne faire que les dépenses strictement nécessaires, les faire au meilleur marché possible. Jamais d'emprunts. Ne tirer aucun avantage personnel des affaires que l'on fait pour la ville. Aucun de ces marchés immoraux, malhonnêtes. Plus de dépenses inutiles, plus de prix trop élevés. Probité et économie. Se rappeler cette règle, si simple et si inconnue que l'argent du contribuable n'est versé par lui que pour lui, pour lui seul, pour des choses qui lui seront utiles. L'argent du contribuable n'est pas une prise, une capture, une trouvaille. C'est un dépôt. C'est un dépôt, et le bon administrateur est d'abord celui qui est dépositaire fidèle. Probité. Économie. Plus de dépenses aventureuses. Plus d'entreprises. Les maisons qui prospèrent sont celles qui dépensent peu, qui vont petitement, modestement, qui ne font jamais ce qui dépasse leurs ressources, qui n'empruntent point. Ainsi des villes. Le gouvernement-chevalier d'industrie, c'est-à-dire l'empire, a voulu changer tout cela. La vérité sera plus forte que lui, et il n'aura brouillé les saines notions que pour un temps.

L'administrateur digne de la confiance de ses électeurs doit être probe, consciencieux, économe des deniers publics, hostile à tous les travaux d'ensemble et intraitable sur la question des emprunts; enfin il lui faut se retirer si la publicité la plus grande n'est pas donnée aux actes qui intéressent tout le monde, aux délibérations et aux clauses des marchés.

Il doit aussi, à l'encontre de ce qui se fait d'habitude, ne songer qu'à faire strictement ce qui concerne l'administration et à diminuer les services et les dépenses pour diminuer les chiffres des contributions.

Le talent, la pratique des affaires, l'habileté, mots spécieux, armes dirigées contre l'électeur. En tout et dans tout et toujours suffit une chose primitive, bien simple et pourtant presque inconnue chez les hommes publics, l'honnêteté.

———

La République est sauvée si ce que nous allons dire est une vérité et non une opinion hasardée et prématurée.

Maintenant nous savons où nous allons. Notre but est fixé. Il est écrit. C'est un grand avantage. Il n'y a rien à chercher, donc pas d'incertitude, pas de tâtonnements, pas d'hésitation. Dès que l'on a raison de ses adversaires, on ne se divise point pour organiser ce qui doit les remplacer. C'est connu d'avance. Depuis longtemps on s'y est préparé. On est déjà fait à l'ordre des choses définitif avant qu'il soit en vigueur. Pas de surprises, pas de mécontentements, pas de défections. On sait où l'on va.

———

Depuis soixante-dix-huit ans, les Républicains sont divisés. Cette division les affaiblit et éloigne bien des gens. En outre, comme leur but n'est pas nettement connu d'eux-mêmes, on peut leur supposer tout ce qu'on veut et on effraye les indécis. Ils échapperont à tout cela en se ralliant à la Constitution de 93. Dès que le parti républicain prendra cette résolution, il acquerra une grande force et il assurera son triomphe. Il mettra fin aux dissensions intestines et il empêchera les épouvantes. Les individus s'effaceront devant les principes. Il faut que le parti républicain devienne le parti de la Constitution de 93.

———

Plus de mensonges ni d'intrigues à l'intérieur ni à l'extérieur; donc suppression des ambassadeurs.

Franchise, loyauté, désintéressement à l'intérieur et à l'extérieur; donc suppression des ambassadeurs.

———

Il ne s'agit point de n'être pas extrême; il faut l'être, au contraire; il faut aller jusqu'à l'extrémité du bien; tant que l'on n'a pas tout ce n'est point assez : le devoir consiste seulement à n'être pas violent,

———

La Constitution de 93 est bien à nous, elle est l'œuvre des vrais fils de la France, des meilleurs, des plus désintéressés, elle est notre patrimoine. Elle a été faite sans arrière-pensée pour réaliser la justice et le bonheur de tous. C'est elle qui nous met franchement et sûrement en possession de tous nos droits.

———

L'année 1793 est la plus extraordinaire de l'histoire, la plus féconde en résolutions sublimes. Tous les Français y ont fait un effort surhumain pour renverser les iniquités séculaires et pour remplacer par des institutions dignes de la société idéale et parfaite que nous devons atteindre. Pourquoi faut-il qu'à côté d'elles ils aient été obligés d'ajouter des mesures terribles dirigées contre les malheureux coupables, les égoïstes pervers qui voulaient ruiner leur œuvre et par contre perpétuer le malheur de tous. Ils ont cru devoir combattre autrement que par leurs créations admirables, et, afin de

mieux se garantir des coups de leurs adversaires, les frapper directement. C'est là uniquement qu'à été leur tort et la cause de leur échec. Ils devaient se rappeler la phrase du Christ qui dit de présenter l'autre joue. Leur erreur a ajourné leur œuvre et nous a privés tous du bonheur dont nous aurions joui depuis. Nous répudions donc cette part de leur héritage. Mais ce n'est que pour revendiquer plus énergiquement l'autre.

———

Nous aussi nous avons notre tradition; nous aussi nous avons notre but, but précis, fixé, déterminé : la Souveraineté nationale par la Constitution de 1793. Si la connaissance exacte de ce que l'on a à faire double les forces, nous aussi nous sommes forts, car nous savons que notre œuvre doit être.

———

Il nous faut la justice dans toute son étendue, un pacte aussi parfait que possible, la véritable Souveraineté nationale; la Constitution de 93 est là pour nous satisfaire. Elle a été ajournée lors des déchirements et des tempêtes pour qu'elle ne fût pas violée, et elle reste comme l'arche de salut à laquelle nous arriverons, lorsque nous serons las d'être ballottés dans toutes les tourmentes, entre les aspirations mal définies vers le bien et des manœuvres autoritaires.

———

C'est une force immense que d'avoir un but précis. Cela explique le triomphe des plus piètres causes dans les moments de lassitude. Le parti généreux n'a pas eu cet avantage; n'ayant aucune idée commune, chacun envisageant la République à sa manière, les tiraillements destructifs suivaient toujours le triomphe. Il n'en sera plus ainsi. Nous avons la Constitution de 93 pour rallier toutes les volontés. C'est le point vers lequel il faut que toutes convergent.

———

Robespierre voulait les deux révolutions, la révolution politique et la révolution morale. Il ne concevait pas l'une sans l'autre, et dans l'intérêt même de la première il tenait par dessus tout à la seconde.

———

L'erreur des Révolutionnaires n'a pas été dans les idées, mais dans les moyens employés pour servir les principes. La violence ne vaut rien.

———

Il ne faut pas que l'armée soit un corps à part dans le pays : elle doit être remplacée par la nation en armes, par tous les citoyens qui seront citoyens et soldats en même temps, ou la République ne sera jamais possible. Plus de militarisme. L'organisation militaire actuelle est une quasi-résurrection de la féodalité.

———

Pour que nous gardions la République, il faut que le jour de la Constitution arrive. Toutes les personnes de mauvaise volonté le comprennent, et elles entassent sophismes sur sophismes dans le but de protéger leur insouciance et de se dispenser de confesser et d'appliquer les principes.

« Est-ce qu'elle est suffisante maintenant, disent-elles? On est bien plus instruit aujourd'hui qu'on ne l'était il y a quatre-vingts ans; on est plus avancé. Les circonstances vont faire surgir des jeunes gens qui comprendront les besoins de l'époque. »

La nature humaine ne varie point, elle est en ce jour ce qu'elle était jadis, elle n'a qu'un besoin légitime, celui d'observer le bien; à travers les siècles, ses devoirs demeurent immuables.

Vous êtes plus avancés qu'on ne l'était en 1793, dites-vous encore; bien plus, vous ajoutez, avec votre modestie habituelle, que vous êtes trop avancés. Ce que vous dites-là prouve votre suffisance, mais nulle autre chose. On sait que ce n'est point par là que vous péchez, semblables en cela comme en tout aux individus des époques de décadence. Vous avez voulu un semblant de République; vous avez donné la présidence à un prince; vous avez subi l'empire; vous avez laissé Paris et la France devenir des objets de risée et de mépris pour l'univers; et vous êtes contents de vous. Vous osez vous comparer aux colosses de la grande époque. En est-il un seul parmi vous qui soit aussi grand que le plus petit d'entre eux? Vous êtes avancés, vous! Est-ce qu'on est avancé en dehors du bien, de la loi morale et du droit chemin?

Avouons donc que nous ne voulons point des principes; ou, si nous désirons avec sincérité leur avènement, revenons purement et simplement à l'exposition qui en a été faite au jour du triomphe de la vérité en France.

Effaçons toutes les fautes de la France, en la ramenant à sa besogne abandonnée depuis soixante-dix-huit ans.

Il faut revenir à notre grande tradition, installer les institutions républicaines et l'ordre nouveau fixé par l'adhésion de la France aux principes, en juillet 1793.

On ne fera rien de durable si l'on ne se rattache pas à 1793.

La Constitution de 1848 présente, à côté de ses imperfections, des vices très-graves. Elle ne s'est pas reliée à 1793; elle ne s'est pas soumise au vote du suffrage universel et, enfin, elle a très-mal organisé le pouvoir exécutif. Elle est d'un grand enseignement, elle montre le sort réservé aux demi-mesures. Il n'y a rien à ménager en dehors du bien; il ne faut point pactiser avec le mal dans la crainte de faire violence à la faiblesse des vicieux. Le juste a été formulé en 1793; revenons-y.

Sans République il n'y a pas de patrie.

Quand on veut défendre la liberté et l'indépendance d'un pays contre un envahisseur, il ne faut pas donner des pouvoirs étendus à un général. Le pouvoir militaire ne doit jamais être affranchi du pouvoir civil; il doit toujours être subordonné au pouvoir civil.

La République est d'obligation. C'est un principe qui guide les peuples et un devoir qui s'impose à eux. On ne peut donc la soumettre à un appel au peuple.

La Constitution de 1793 tire sa nécessité de la République qu'elle reconnaît sincèrement. Faite régulièrement par un état républicain et pour la République elle est de droit. Elle a en outre, l'assentiment du peuple. Elle est la Constitution. Pour lui faire perdre ce caractère, il faudrait qu'après l'avoir religieusement suivie, l'on procédât à sa révision en prenant, toutefois, la marche fixée par elle-même.

La souveraineté populaire a des devoirs : elle doit respecter la justice qui est sa règle; elle doit avant tout se respecter elle-même. Ses arrêts ne font pas le droit : ils ne sont bons qu'autant qu'ils s'en inspirent. Si elle se suicide, si elle décide sa déchéance par servilité ou par aveuglement, son vote est nul.

Le gouvernement dit de la défense n'a pas déployé dans les préparatifs de la défense l'énergie ni l'activité indispensables; il n'a point tenu vis-à-vis de l'ennemi l'attitude ni les tradition du gouvernement républicain français; il a contristé tous les cœurs par des fautes désastreuses, faciles à éviter, car elles étaient toujours les mêmes : il a fait la guerre en conservant des arrière-pensées de traiter, ce qui est le moyen de la mal faire; il a contribué à éteindre les résolutions désespérées de la population, résolutions obligatoires, car avec elles on fait les choses impossibles aux gens de science routinière et, en dépit de tous les obstacles, on triomphe, ou du moins on ne se résout à nulle autre chose qu'à la mort.

Un roi vaincu par un autre peut subir le sort des armes et accepter un traité de paix, parce qu'alors il n'y a en jeu que la haine, la vanité ou un intérêt quelconque : mais il n'en est pas ainsi d'une République. Une République vaincue ne peut accepter ni armistice ni paix, c'est le droit qui est vaincu en elle et c'est le droit qu'elle abandonne en consentant à traiter. Il n'y a donc pas, depuis le 4 septembre, de paix possible, de paix ni d'armistice honorable.

La République sociale serait, disent les plus sages, la République ordonnée de telle sorte qu'on n'y verrait d'autre misère que celle qui résulterait des vices. Du mode d'organisation sociale il ne sortirait plus de paupérisme, la justice serait réalisée. Quant à la misère causée par les maladies et les malheurs elle serait adoucie et en partie réparée. Mais la République, la vraie République assure tout cela.

Plus de misère involontaire, voilà pour les plus sensés, ce que signifient ces mots de République sociale. Ils ne préjugent pas les moyens et ne visent que les résultats. En ce sens tous les Républicains sincères peuvent dire qu'ils sont pour la République sociale. Il est permis d'affirmer que le triomphe des Républicains spiritualistes et robespierristes pourra seul mener à la fin de la misère. On peut n'avoir que des idées déplorables ou n'en point avoir et se dire Républicain socialiste sans pouvoir être démenti. Il suffit de constater les imperfections de l'état actuel. A côté de ceux qui blâment sans se rendre un compte consciencieux et éclairé de ce qu'ils disent, il y a des esprits qui discernent entre le tort que de mauvaises institutions peuvent faire et celui qu'on se fait à soi-même en usant mal de sa liberté. Tout le monde est d'accord pour souhaiter la fin du prolétariat et les socialistes pratiques pensent l'atteindre en formulant cet axiome fort juste que le travailleur doit avoir le fruit de son travail. Le tout est de ne pas se faire d'illusions sur ce travail. Il faut d'abord qu'il n'y ait plus de puissants dans la société mais seulement des lois. Ceci qui est juste et réellement efficace sera l'œuvre de la République. Ainsi en sortant des griefs vagues pour remédier aux imperfections réelles on reconnaît que la République est la seule réponse. La République sincère, bien entendu. A quoi bon dès lors un nouveau mot? Si l'on y tient qu'on se rappelle qu'il ne peut absolument aller seul et qu'il faut, de toute nécessité, l'accompagner d'autres qui le complètent et le précisent et dire : République démocratique, sociale et puritaine.

Lorsque les Républicains comprendront tous qu'il n'y a qu'à revenir à la Révolution c'est-à-dire à son œuvre, la Constitution de 93, ils connaîtront que la forme républicaine n'est plus à trouver et qu'il n'y a rien à chercher mais seulement à suivre. Alors les indifférents ne pourront plus opposer leur objection favorite. Ils ne pourront plus dire : « Qu'est-ce qu'ils mettront le lendemain, car il faut bien quelque chose? La République? Laquelle! Il y en a autant que d'individus. » Dès que les Républicains sauront qu'il ne peut y en avoir qu'une, elle triomphera bien vite.

Blâmez les officiers de faire tirer sur les citoyens sans armes, on vous répondra aussitôt que ce n'est pas leur faute, qu'ils sont forcés, que c'est leur devoir. Ou cela seul est leur devoir ou ils ne connaissent pas tous la totalité de leurs devoirs. Pourquoi beaucoup d'entre eux disaient-ils qu'il ne fallait pas marcher sur les Prussiens, et même qu'il n'y avait rien à faire? Ce n'est donc pas leur devoir que de mourir en combattant les ennemis et les envahisseurs du pays. Cependant cela seul pourrait justifier l'existence de l'armée, si elle pouvait l'être ; mais un corps à part dans le pays est toujours oppressif.

<hr>

En 52, la province a été plus héroïque que Paris. Ils l'ont assez injuriée, foulée et meurtrie pour la subjuguer, ceux qui, voulant s'en faire un instrument aveugle, la trompent, la flattent et l'excitent aujourd'hui contre nous. Que les paysans ne se laissent donc point circonvenir. Qu'ils comprennent que ceux qui les excitent contre Paris et les villes ont de grands biens dans les campagnes, mais ne sont pas les amis des campagnards et sont incapables de leur donner des conseils désintéressés. Ils tiennent les cultivateurs dans l'ignorance, afin qu'ils ne voient pas quels sont ceux qui leur font réellement du mal. Ils les irritent contre les villes parce que les villes, loin d'être aveugles, sont aujourd'hui le grand obstacle aux iniquités.

<hr>

Ont pesé sur la société :
Avant 1789, les rois, les prêtres et les nobles;
Depuis 1789, les empereurs et les rois, les prêtres et les soldats.

<hr>

C'est le militarisme qui a perdu la France; c'est lui qu'on charge de la sauver. A Paris il n'a pas cessé de régner.

<hr>

On ne peut pas résister à la force. Si, à la force physique on oppose la force morale qui triomphe. Ceux qui ont été mis au pouvoir le 4 septembre l'ont oublié.

<hr>

On dit souvent en parlant de l'honnêteté : « Il est vrai qu'il n'en est pas des états comme des individus. » C'est une grosse erreur souvent exploitée par les vils ambitieux. La probité commande aux états comme aux particuliers.

<hr>

Au 10 thermidor a commencé la décadence de la France. Les gens futiles qui forment les majorités ne l'ont pas compris alors parce qu'on riait et qu'on dansait. Ils ont pris cela pour du bonheur et de la prospérité. Est venue la première invasion ; la France a été jetée loin du Rhin. Ensuite l'on a recommencé à s'étourdir et à trahir les principes. A l'esclavage est de nouveau venue s'ajouter la conséquence, l'atteinte à l'indépendance nationale. Est venue la troisième invasion qui porte la frontière à deux pas de la capitale. Si l'on ne se retrempe pas, si l'on ne se relève pas moralement, si l'on ne secoue point la mollesse de l'esclavage, si l'on tolère l'usurpation d'une nouvelle royauté, une dernière invasion fera disparaître ce

peuple qui a la nostalgie de la servitude et qui est mal à l'aise quand il est libre et qu'il faut rester sensé. Tout le mal est venu de là, déchéance morale. Vous avez trahi la Révolution et livré Robespierre ; si vous voulez que cessent les funestes conséquences qui en sont comme le châtiment, revenez à la Révolution et à Robespierre, c'est-à-dire à la Constitution de 1793 et à la République puritaine.

<hr>

M. Estancelin, dans son plaidoyer pour les d'Orléans, a fait valoir leur silence de vingt ans. Il s'est étendu sur le soin qu'ils ont eu de ne faire aucune tentative, aucune intrigue, aucun mouvement, enfin rien qui pût troubler la tranquillité du pays. Ce n'était point chez eux abnégation ni conviction puisqu'ils se remuent maintenant, et que par des manœuvres au grand détriment du pays dont ils paralysent la défense, ils se font proclamer députés, tendent à renverser le gouvernement républicain et à se substituer à lui. Ils savent que la République est indulgente, ils savaient que l'empire ne les ménagerait point.

<hr>

L'issue injustifiable de la lutte soulève les reproches et la douleur de toute la population qui flétrit le gouvernement. Elle a raison de le condamner. Mais qu'elle n'oublie point qu'elle est plus coupable que lui. C'est elle qui a élu tous les membres du gouvernement il y a deux ans.
Les criminels qui ont causé la perte de la France ce sont d'abord les thermidoriens, puis les auteurs de la Constitution de l'an III, et enfin tous les Français qui ont pactisé avec les divers pouvoirs jusqu'en 48. Ce sont ensuite les électeurs de 48 qui ont nommé des constituants au lieu de réclamer la Constitution de 1793, et qui ont élu plus tard un prétendant pour président de leur semblant de République. Ce sont encore ceux qui ont nommé les députés de Paris il y a deux ans.

<hr>

La France gît là dans le déshonneur. C'est à ses enfants qu'elle le doit. Ce sont eux qui ont préparé sa fin et sa honte. Ils l'ont éloignée de sa ligne et de son devoir. Ils ont repoussé la République qui devait la rendre grande et respectable. Ils ont eu peur et ont voté pour un prince.

<hr>

Il faut que l'électeur comprenne que c'est avec les plus grands scrupules qu'il doit remplir ses devoirs de citoyen. Les destinées de sa patrie peuvent dépendre de son vote. Il doit donc s'éclairer, s'informer par lui-même et ne point marchander son dérangement ni ses démarches. Qu'il sache qu'il fait une chose grave et qu'il réfléchisse par lui-même. Qu'il s'abstienne plutôt que d'agir à l'aventure. Il sera moins coupable. Oui, tous ceux qui ont mal voté depuis vingt ans sont les auteurs des désastres de la France ; ils sont les fauteurs de toutes les

ruines, de tous les deuils. Que la réprobation des cœurs honnêtes s'appesantisse sur tous les constituants qui ont voté pour la présidence et sur tous les électeurs de 48 qui ont nommé Louis Napoléon président.

<hr>

Plus de conscription. Plus d'écoles militaires. Suppression de l'école de Saint-Cyr. Plus d'armée, mais la nation armée. Suppression de Saint-Cyr. La garde nationale comprend tous les hommes de vingt à cinquante ans. Tous y entrent au même titre et y sont soumis aux mêmes devoirs et aux mêmes exercices. Plus de corps spécial d'officiers. Les officiers sont élus par les gardes nationaux eux-mêmes. Ceux-ci ont toujours le droit de révoquer leurs officiers. Un chef n'est plus, comme aujourd'hui, chef à perpétuité. Il ne l'est que si les gardes nationaux, ses égaux, continuent à l'en trouver digne. Les chefs sont soumis à une discipline très-sévère. On les surveille sévèrement car l'on sait que la nature humaine est plus encline à empiéter qu'à travailler. Il n'y a pas d'autre armée que la garde nationale. A vrai dire, il n'y a plus d'armée, ce qui est un des plus grands biens pour une société; on a, à la place, la nation armée. L'ordre et la logique ont ainsi satisfaction.

<hr>

Beaucoup de ceux qui se disent socialistes n'aiment pas plus la République qu'autre chose. Ils sont indifférents aux principes et ne veulent que des avantages matériels immédiats et sont assez aveugles pour croire que la République les leur donnera. Ils se disent donc républicains. Ce sont eux qui font de la République un épouvantail.

<hr>

Beaucoup de gens crient bien fort qu'ils veulent la République et le socialisme, joignant ainsi dans la même réclamation notre but et ce qui empêche de l'atteindre. Ils n'ont aucune raison pour se dire républicains, rien si ce n'est qu'ils n'ont pas tout ce qu'ils veulent. Ils ignorent qu'au lieu d'étendre le superflu et la mollesse à tous, il faut s'appliquer à les enlever, par la persuasion, à tous ceux qui les ont.
Le désir légitime, c'est que le travail consciencieux et persévérant mène toujours à la propriété nécessaire. Le mal n'est pas d'avoir de la fatigue, loin de là, c'est de n'avoir rien de côté après avoir travaillé sans trêve, sans distraction même honnête, sans perte de temps et sans mauvais emploi de l'argent. Si des gens vivent ainsi pendant trente ans et ne peuvent rien mettre de côté, c'est un grand malheur, c'est un mal intolérable. La Constitution de 93 est là.
Il ne faut pas s'en prendre à la propriété en elle-même, mais seulement aux origines de la fortune. La propriété est équitable et il faut l'étendre à tous, en ce sens qu'elle doit être accessible à tous et venir du travail et de l'économie. Que les paysans ne craignent pas les républicains des villes, les vrais républicains ne veulent pas les dépouiller. Loin de là, ils prétendent purifier la fortune et protéger la propriété. Ils veulent qu'elle soit accessible comme elle doit l'être et qu'elle soit à l'abri des intrigants et des malheurs involontaires. Ils ne veulent pas qu'un paysan soit exposé à se voir enlever ses petits morceaux de terre par un individu qui s'installe dans un pays, y met à son service les influences si actives des débris des anciennes castes privilégiées et s'arrondit chaque jour en profitant de la gêne d'un cultivateur, en suscitant des ennuis à un autre pour le dé-

pouiller, en s'adjugeant tel ou tel bien appartenant à tous et ainsi de suite. Si les paysans veulent que leurs propriétés ne leur soient pas enlevées subrepticement par les fins renards qui les guettent qu'ils viennent à la République.

Les républicains respectent la propriété, la reconnaissent pour un droit de tous les hommes, et ne s'opposent qu'à la fortune déshonnête et monstrueuse. C'est sur celle-ci et sur le luxe qu'ils mettent les charges de la dette (2 millions à payer par jour). C'est justice, car c'est aux intrigues et aux lâchetés de tous les privilégiés (les complices des rois), que l'on doit en grande partie le gâchis et les malheurs qui ont affligé et qui affligent la société actuelle.

———

Quel désordre que de voir des généraux faire des remontrances et des menaces aux citoyens. Les généraux n'ont pas de leçon à faire à la société. Qu'ils obéissent. La force brutale est soumise et ne doit être employée qu'à l'extérieur contre l'étranger.

———

Il n'y a pacte social que lorsque tous les citoyens concourent à faire ou à valider l'accord, le contrat qui doit régir la société. Est nulle toute constitution qui a été imposée, toute constitution qui a été proposée à la société trompée ou épouvantée, toute constitution substituée par n'importe quel moyen que ce soit à un vrai pacte social. Or nous en avons consenti un, nous ne pouvons plus en avoir d'autre. Il n'y a point à sortir de là. Observons-le au moins et, si nous le changeons ensuite, que ça ne soit que parce que nous le voulons de nous-mêmes; changeons-le alors suivant la manière qu'il a indiquée. Les modifications faites autrement seront nulles. Tout pacte social consenti est sacré et doit être appliqué. Arrivons à le comprendre et à respecter notre pacte revêtu de ce caractère. Repoussons tout homme qui nous engage à passer par dessus. Tant que nous ignorerons ce respect, il n'y aura pas de stabilité dans l'organisation sociale. Les ennemis de la stabilité sont donc tous les inventeurs de combinaisons monarchiques ou réactionnaires quelconques.

———

Les royalistes reprochent aux républicains d'être divisés. Ils le sont aussi. Il y a plusieurs partis monarchiques. Que de tiraillements encore dans chacun de ces groupes. Sauf de très-rares exceptions, tout monarchien n'est content, en effet, qu'autant qu'il arrive au pouvoir ou, tout au moins, à une influence palpable en même temps que son parti.

———

Chaque parti a sa théorie gouvernementale fixe, ses visées limitées et précises; il a de plus des individualités qu'il exalte, qui le personnifient et qui servent à mieux le définir encore. Tous sont ainsi, du moins tous les mauvais. Le parti républicain n'a pas cet avantage, il veut la République, mais il l'ignore. De là ses échecs répétés. Qui peut-il rallier longtemps? Qui veut aller à l'inconnu? Comment saurait-il ce qu'il doit faire une fois qu'il a renversé le mal, puisqu'il ne sait quelle est la formule du bien. Elle est trouvée et il la cherche encore. Qu'il apprenne donc d'abord à connaître la République. Pour la France il n'y a de forme républicaine qu'avec la constitution votée par la France républicaine en 1793. Que le parti républicain soit donc unanime à se confiner dans cette constitution de 1793, voilà pour les principes : quant aux personnes qu'il se rattache aux sublimes martyrs de Thermidor, à Maximilien Robespierre, à Saint-Just, à Couthon, à Lebas, à Augustin Robespierre, à Payan, à Fleuriot-Lescot, à Coffinhal, à Henriot. Un parti triomphe des autres en opposant ses doctrines aux leurs; ses hommes à leurs hommes. C'est pour vous empêcher de le faire qu'on s'est acharné à noircir les idées de 93 et à calomnier les grands citoyens dont vous devez être les disciples et les continuateurs. Relevez, célébrez vos martyrs, comparez-les aux individualités opposées, faites voir leur supériorité presque divine. Alors ni ambiguité ni mensonges possibles. La vraie République, après s'être imposée à tous les républicains, régira bientôt la société. Elle la sauvera si elle peut encore l'être. Si vous aviez eu Robespierre et Saint Just il y a six mois, vous n'auriez parlé à l'Europe et aux prussiens qu'avec du plomb, vous auriez mis à la retraite tous les généraux, vous n'auriez pas reformé une armée puisque vous étiez délivrés de l'ancienne, vous auriez fait de tous les jeunes gens des gardes nationaux, vous auriez eu bientôt des Hoche et des Marceaux. Vous auriez triomphé. Mais vous ne le pouviez pas parceque vous n'aviez point une idée arrêtée et commune, vous étiez paralysés à l'intérieur par des craintes d'une part et des colères de l'autre qui ne se rappportaient pas à l'ennemi. Toute maison divisée tombera. Unissez-vous autour de la constitution de 93, vous pourrez relever l'édifice et vous le préserverez d'une nouvelle destruction.

De longues vexations, le sentiment de la justice et la conscience de leur dignité foulée aux pieds suffisent à soulever les hommes et à leur faire renverser un ordre de choses inique. Pour fonder quelque chose de durable ça ne suffit pas. Dans le premier moment les complices du système renversé se dispersent avec effroi et la société peut alors revenir au bien ; mais il est indispensable de l'établir dès la première heure qui suit la défaite de la tyrannie. Passé ce temps propice les bons vouloirs se lassent, l'intrigue reprend courage et organise la résistance. Il est donc urgent d'agir de suite et, pour cela, de connaître au juste là l'avance et ce que l'on doit supprimer et la formule de l'organisation définitive. Nous devons posséder cette double science et depuis soixante-dix-huit ans nous la possédons. Ce qu'il faut établir c'est la constitution de 1793; ce qu'il faut supprimer c'est l'armée qui, vu les vices de son organisation, est incompatible avec la république. Reste à bien se pénétrer que c'est dès la première heure qu'il faut prendre ces deux mesures.

Une nation ne peut échapper à la ruine que si elle n'est pas divisée. Il faut faire l'union, c'est nécessaire. Non pas cette union apparente et mensongère qui résulte de la contrainte et du silence que l'on s'impose mutuellement pour ne pas se disputer, mais celle qui mérite seule d'être ainsi appelée, celle qui vient de la communauté des idées.

Pour faire l'union réelle sans laquelle une nation n'existe pas il faut un principe accepté de tous, supérieur et nécessaire, une formule imposante, irréfutable et capable de rallier toutes les volontés.

Si vous ne revenez pas avec unanimité à votre constitution vous êtes perdus.

J.-A. MANCEL.

———

LA RÉVOLUTION COMPLÈTE

—

La Révolution doit être complète pour être efficace et durable. Qu'on ne la poursuive qu'à moitié et l'on complique le désordre dont on veut se débarasser. On ne peut subsister dans une situation anormale, pénible et illogique qui fait vivre côte à côte le vrai et le faux, la lumière et les ténèbres. La Révolution doit prendre possession complète des puissances de l'esprit humain et de celles de la société. Elle doit agir dans toutes les directions et être philosophique, religieuse, morale et politique. On ne peut scinder l'âme humaine, la satisfaire sous certains rapports de justice et de vérité et point sous d'autres. Pour rester en équilibre, il faut, qu'elle jouisse de l'ordre dans son entier et que toutes les idées qui veulent la guider soient en harmonie.

J.-A.-MANCEL.

Rédacteur en chef, gérant, J. A. MANCEL.

763   Paris. — Typ. Morris père et fils, rue Amelot, 64.

Paraîtra prochainement

LE

JOURNAL DE MORALE

Défenseur de la Famille et des Intérêts immatériels de l'Homme

RÉDACTEUR : J.-A. MANCEL